Annick Chekroun

Isabelle Neumann

Rédaction

6ᵉ
11/12 ANS

HATIER

chouette entraînement

Chouette mode d'emploi

Bonjour,

voici quelques indications pour utiliser au mieux ton cahier Chouette entraînement et le site associé : www.chouette-hatier.com.

Le cahier pour s'entraîner

■ Le **cahier principal** est composé de **27 unités de révision** correspondant aux thèmes clés du programme en expression écrite.

■ Chaque unité comprend :
– un r**appel de cours**,
– une **série d'exercices**, avec des coups de pouce.

■ Au centre du cahier se trouvent **les corrigés de tous les exercices**.
À la fin de l'ouvrage, un **cahier de rédaction** permet de réaliser les exercices d'expression écrite.

Le site pour s'évaluer rapidement

■ Sur le site www.chouette-hatier.com, tu peux accéder à des **exercices interactifs** complémentaires.
Ils te permettent de vérifier que tu as bien acquis les notions clés du programme.

■ Pour entrer dans l'espace qui t'est réservé, c'est simple : il suffit de saisir le **mot clé** du cahier qui t'est demandé. Alors n'hésite pas à te connecter !

Et maintenant bon travail !

© Hatier, Paris, 2011

ISBN 978-2-218-93726-2

Sommaire

Écrire sans faute

1. Accorder les mots qui vont ensemble 4
2. Distinguer les principaux homonymes 6
3. Employer le présent de l'indicatif 8
4. Employer le passé composé 10
5. Employer le passé simple et l'imparfait 12
6. Employer l'impératif présent 14
7. Former des phrases complètes 16
8. Construire une question 18

Améliorer son expression

9. Employer le vocabulaire des émotions 20
10. Bien utiliser les pronoms 22
11. Éviter une répétition 24
12. Apporter des précisions (1) 26
13. Apporter des précisions (2) 28
14. Organiser un texte avec des paragraphes 30
15. Rédiger des réponses 32
16. Utiliser le bon niveau de langue 34

Rédiger un texte

17. Raconter une expérience personnelle 36
18. Faire un compte-rendu de visite 38
19. Décrire une image 40
20. Raconter un épisode épique 42
21. Imaginer un conte 44
22. Concevoir une situation initiale 46
23. Insérer un dialogue dans un récit 48
24. Écrire la fin d'un conte 50
25. Écrire une fable 52

Utiliser un logiciel de traitement de texte

26. Saisir un texte 54
27. Améliorer la présentation d'un texte . 56

Cahier de rédaction 58

Tableau de conjugaison 62

Index 64

Les corrigés des exercices sont situés dans un cahier central paginé de 1 à 16.

1 Accorder les mots qui vont ensemble

Accorder un adjectif qualificatif

- La **règle** : Un adjectif qualificatif s'accorde avec le nom (ou le pronom) auquel il se rapporte.

  Les loups sont des <u>animaux</u> protégés.

  Cette règle s'applique aussi aux participes employés comme adjectifs.

- La **méthode** pour bien accorder :

1ʳᵉ étape	2ᵉ étape	3ᵉ étape
On **cherche le nom** auquel se rapporte l'adjectif.	On **analyse le genre et le nombre** du nom.	On ajoute la ou les **marques** correspondantes.
Qui est-ce qui est protégé ? *les animaux*	*animaux* : masculin, pluriel	*des animaux protégés*

N.B. : Le féminin d'un adjectif se forme toujours avec un *e*, son pluriel se forme en général avec un *s* (beaucoup plus rarement avec un *x*).

1 Dans chaque définition, souligne les adjectifs qualificatifs ou les participes employés comme adjectifs ; puis de chacun, trace une flèche vers le nom auquel il se rapporte.

Souligne quatre mots dans la définition 1, trois dans la définition 2 et cinq dans la définition 3.

1. Koala : marsupial grimpeur au pelage gris très fourni, ressemblant à un petit ours.

2. Rhinocéros : mammifère de grande taille, à la peau épaisse et rugueuse, portant une ou deux cornes sur le nez.

3. Tigre : grand félin (le plus grand), au pelage roux rayé de bandes transversales.

2 Accorde chacun des adjectifs entre parenthèses avec le nom auquel il se rapporte.

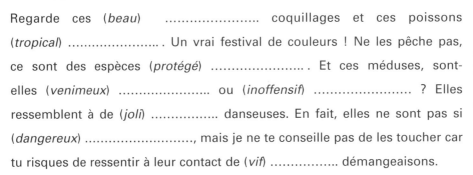

Attention aux adjectifs en *-if* qui forment leur féminin en *-ive*.

Regarde ces (*beau*) .... coquillages et ces poissons (*tropical*) .... Un vrai festival de couleurs ! Ne les pêche pas, ce sont des espèces (*protégé*) .... Et ces méduses, sont-elles (*venimeux*) .... ou (*inoffensif*) .... ? Elles ressemblent à de (*joli*) .... danseuses. En fait, elles ne sont pas si (*dangereux*) ...., mais je ne te conseille pas de les toucher car tu risques de ressentir à leur contact de (*vif*) .... démangeaisons.

Accorder un verbe

● La **règle** : Un verbe s'accorde avec son sujet.
 Les policiers arrêtent les braconniers.

● La **méthode** pour bien accorder :

1re étape	2e étape	3e étape
On **cherche le sujet** du verbe.	On **analyse la personne et le nombre** du sujet.	On ajoute la **marque** correspondante.
Qui est-ce qui arrête ? *les policiers*	*les policiers* : 3e personne du pluriel	*Les policiers arrêtent...*

N.B. : La 3e personne du pluriel d'un verbe se forme toujours avec les lettres *-(e)nt*.

3 **Quel sujet peut aller avec quel verbe ? Relie les propositions.**

Un ours ●   ● aime manger du miel.

Il ●   ● aimes manger du miel.

Des ours ●   ● aiment manger du miel.

Ils ●   ● aimait manger du miel.

Tu ●   ● aimaient manger du miel.

4 **Transforme ce texte en mettant le mot *gorille* au pluriel. Pense à faire tous les changements nécessaires.**

Le parc où vit le gorille de montagne est un parc national protégé. Le gorille fascine les scientifiques. Il paraît terrifiant, mais c'est un animal pacifique.

.... les gorilles de montagne ....

....

5 **À toi de jouer. Rédige un petit texte documentaire sur les loups en t'aidant de la fiche ci-contre.**

Le loup
Classification : mammifère carnivore sauvage.
Description : 90 cm de hauteur, 1 m 60 de longueur, yeux en amande, museau pointu, oreilles droites, queue touffue et pendante.
Habitat : forêt, régions vallonnées.
Nourriture : 1,5 à 2,5 kilos de viande par jour.
Mode de vie : en meute.
Reproduction : portée de cinq à huit louveteaux.

Relis ton texte en vérifiant :
– que les verbes sont accordés avec leurs sujets ;
– que les adjectifs qualificatifs sont accordés avec les noms ou pronoms auxquels ils se rapportent.

....
....
....
....
....
....
....
....

Distinguer les principaux homonymes

Est ou *et* ?

es, est : verbe *être* au présent (2ᵉ ou 3ᵉ pers. du singulier)	*Zeus est le dieu du ciel et du tonnerre.* Je peux remplacer **est** par **était**. Il s'agit donc du verbe *être*. *Zeus était le dieu du ciel et du tonnerre.* N.B. : Attention à ne pas confondre la forme *es(t)* avec la forme *ai* du verbe *avoir*, qui est obligatoirement précédée de *j'* (*J'ai froid*).
et : conjonction de coordination	*Zeus règne sur les dieux et les hommes.* Je peux remplacer **et** par **et puis**. Il s'agit donc de la conjonction de coordination. *Zeus règne sur les dieux et puis les hommes.*

1 a. **Mets le texte suivant à l'imparfait.**

b. **Souligne dans le texte d'origine toutes les formes du verbe *être*.**

Zeus est le fils de Cronos et de Rhéa. C'est le souverain des dieux de l'Olympe. Il préside au ciel et à la pluie, lance la foudre et les éclairs, représente l'ordre et la justice. Il est vénéré par les Grecs.

....

....

....

2 **Complète le texte par *est* ou *et*.**

Héra ...... la plus grande des déesses olympiennes. Elle ...... la fille de Cronos ...... de Rhéa,

...... la sœur de Zeus. C'...... la protectrice des épouses.

Sont ou *son* ?

sont : verbe *être* au présent (3ᵉ personne du pluriel)	*Zeus et Héra sont les parents d'Héphaïstos.* Je peux remplacer **sont** par **étaient**.
son : déterminant possessif	*Dans son enfance, Zeus fut sauvé par sa mère.* **Son** marque la **possession** = l'enfance de Zeus.

3 **Complète chacune de ces phrases par *sont* ou *son*.**

1. L'*Iliade* et l'*Odyssée* ...... deux chants antiques consacrés à la guerre de Troie.

2. Ulysse s'y distingue par ...... courage et ...... intelligence.

3. Les Troyens ...... finalement vaincus par les Grecs.

Mets le texte à l'imparfait. Où peux-tu écrire *étaient* ?

A ou à ?

a : verbe *avoir* au présent (3ᵉ pers. du singulier)	*La déesse Héra a pour attribut le sceptre.* Je peux remplacer **a** par **avait**.
à : préposition	*Elle donne deux enfants à Zeus.* Je ne peux pas remplacer **à** par **avait**.

4 **Relie les groupes sujets et les groupes verbaux qui vont ensemble.**

Les dieux ●   ● a négligé les dieux.

Nous parviendrons ●   ● courent à la bataille.

Cet homme ●   ● à déchiffrer ce manuscrit.

Quand la préposition *à* est suivie d'un verbe, celui-ci est à l'infinitif.

Ont ou on ?

ont : verbe *avoir* au présent (3ᵉ pers. du pluriel)	*Les grecs ont construit des temples.* Je peux remplacer **ont** par **avaient**.
on : pronom indéfini	*On a construit des temples.* Je peux remplacer **on** par **quelqu'un**.

5 **Trace des flèches pour reconstituer toutes les phrases possibles.**

● a honoré les dieux.

Ils ont ●   ● désobéi aux dieux.

On ●   ● chante la victoire.

● la chance avec eux.

Vérifie que tu as tracé deux flèches à partir de chaque élément de la colonne de gauche.

La, là ou l'a ?

là : adverbe	*Là séjournent les dieux.* *Là* indique le **lieu** ; je peux le remplacer par *ici*.
la : pronom personnel	*Zeus voit Héra. Il la contemple. (la = Héra)* *La* remplace un nom ou un GN.
l'a : *le* ou *la* élidé + verbe *avoir*	*Zeus l'a ordonné.* On écrit *l'a* **devant un participe passé**. Je peux remplacer *a* par **avait**.

6 **À toi de jouer. Fais quelques recherches sur Aphrodite. Puis, sur ton cahier de rédaction, présente-la en employant au moins un homonyme de chaque tableau.**

Aphrodite est la déesse de l'amour. Elle est la fille de…

③ Employer le présent de l'indicatif

Choisir la bonne terminaison

- Au pluriel, les terminaisons sont **-ons**, **-ez**, **-ent**.
  Au singulier, elles dépendent du groupe du verbe :

1er groupe	2e groupe	3e groupe
-e, -es, -e *je chante, tu chantes,* *il chante*	-is, -is, -it *je finis, tu finis, il finit*	Le plus souvent : -s, -s, -t. *je pars, tu pars, il part* Mais il y a des exceptions.

- Voici quelques verbes irréguliers à connaître.
  Être : je suis, tu es, il est, nous sommes, vous êtes, ils sont.
  Avoir : j'ai, tu as, il a, nous avons, vous avez, ils ont.
  Aller : je vais, tu vas, il va, nous allons, vous allez, ils vont.

1 **Souligne les verbes au présent de l'indicatif.**

Quand le sketch commence, Julia tient l'élastique. Charlotte saute. Franky shoote des tirs au but qu'Hervé laisse systématiquement passer.

FRANKY [...]. – C'est pas vrai ! T'es une vraie passoire, Hervé !
HERVÉ, *soufflant d'épuisement*. – J'en peux plus ! Ça fait au moins une heure qu'on joue !
FRANKY, *riant*. – Une heure ! T'es ouf ? On vient à peine de commencer...

Il y a 12 verbes à souligner. Tiens compte aussi des passages en italique.

F. Joly, « Par ici la sixième », in *Tous en sketches*.
Avec l'aimable autorisation de l'auteur.

2 **Voici la suite du sketch précédent. Complète le texte avec les verbes proposés :** *est – faut – reste – sert – signale – vais – vas.*

JULIA, *dégageant une jambe de l'élastique*. – Bon, Charlotte, je .... rentrer, moi.

Il .... que je révise ma grammaire pour demain...

CHARLOTTE, *sautant de plus belle*. – Réviser ta grammaire ? Pour quoi faire, Julia ? [...]

JULIA. – D'abord, Charlotte, l'année n'....... pas finie... Il .... encore neuf jours... Et en plus, la grammaire, ça .... pour toute la vie, je te .... !

CHARLOTTE. – Arrête ! Quelle horreur ! Tu .... me faire rater mon triple saut croisé...

Ibid.

3 **Le sketch continue, mais, cette fois, la plupart des verbes sont présentés à l'infinitif. Conjugue-les au présent de l'indicatif à la bonne personne.**

(Arriver) .... *Max, sifflotant, très sûr de lui, très « gros bras ».*

MAX. – Salut, les nains ! [...]

Hᴇʀᴠᴇ́, *à Max*. – Dis donc, depuis que tu (*être*) .... au collège, tu te (*prendre*) .... vraiment pour un caïd, Max !

Mᴀx, *ton méprisant*. – Pfff ! Pas du tout ! Je me (*prendre*) .... pour un type qui (*bosser*) .... au lieu de traîner à jouer au foot, c'est tout... Profitez-en, les petits amis... La belle vie, c'(*être*) .... bientôt fini...

Jᴜʟɪᴀ, *anxieuse*. – C'(*être*) .... si dur que ça, la sixième ?

Mᴀx. – C'(*être*) .... pas dur ! C'(*être*) .... hyper dur !

Cʜᴀʀʟᴏᴛᴛᴇ. – On (*travailler*) .... plus qu'en CM2 ?

Mᴀx. – Attends, mais jour et nuit, on (*bosser*) .... !

Ibid.

Les verbes en -*dre* ont pour terminaisons *ds*, *ds*, *d* au singulier.

Les emplois du présent

- Le **présent d'énonciation** s'emploie pour des faits qui se déroulent au moment où l'on parle. C'est le cas dans les dialogues du sketch de Fanny Joly (exercices 1 à 3).

- Le **présent de vérité générale** exprime des faits toujours vrais. On le trouve dans les morales ou les textes explicatifs. Tu pourras par exemple lire dans une fable de La Fontaine qu' « *on a toujours besoin d'un plus petit que soi* » ou dans ton manuel de SVT que « *l'eau bout à 100 degrés* ». Ces faits sont vrais de tout temps.

4 **Complète ce texte qui raconte ce que tu es en train de faire.**

Je .... sur mon cahier « Chouette » d'expression écrite. Mes parents .... que j'en ...... besoin. J'en .... au chapitre 3. Il .... du présent de l'indicatif.

Le présent que tu utilises ici est un présent d'énonciation.

5 **Forme des phrases au présent à partir des éléments qui te sont fournis.**

1. eau ; zéro degré ; geler ....

2. triangle isocèle ; deux côtés égaux ; avoir ....

Ici, tu utilises un présent de vérité générale.

6 **À toi de jouer. Sur ton cahier de rédaction, écris la suite du sketch présenté dans les exercices 1 à 3 à partir des indications suivantes.**

Max continue à dire qu'il travaille énormément et à faire peur à ses amis. Mais la maman de Max arrive avec son bulletin sur lequel il est inscrit que Max n'a pas travaillé de l'année et qu'il redouble.

Présente ton sketch comme celui des exercices et utilise le présent.

4 Employer le passé composé

Un temps composé

- Le passé composé est formé de **2 éléments** :
  - l'**auxiliaire** *avoir* ou *être* conjugué au **présent de l'indicatif** ;
  - le **participe passé** du verbe conjugué.

- Retiens les terminaisons des participes passés :

1er groupe	2e groupe	3e groupe
-é : *chanté, parlé, amené...*	**-i** : *fini, grandi, puni...*	**-u** : *perdu* ; **-i** : *parti* ; **-s** : *mis* ; **-t** : *craint...*

N.B. : Attention à l'accord du participe passé ! Employé avec *être*, il s'accorde avec le sujet ; avec *avoir*, il s'accorde avec le COD, mais seulement si celui-ci est placé devant le verbe.

1 Complète ce texte à trous avec l'auxiliaire *avoir* ou *être*.

La maîtresse nous ..... fait des tas et des tas de recommandations, elle nous ..... défendu de parler sans être interrogés, de rire sans sa permission, elle nous ..... demandé de ne pas laisser tomber des billes comme la dernière fois que l'inspecteur ..... venu et qu'il s'..... retrouvé par terre, elle ..... demandé à Alceste de cesser de manger quand l'inspecteur serait là et elle ..... dit à Clotaire, qui est le dernier de la classe, de ne pas se faire remarquer.

J.J. Sempé et R. Goscinny, « On a eu l'inspecteur », in *Le Petit Nicolas*, © Gallimard Jeunesse, 2007.

2 Choisis la terminaison qui convient en cochant la bonne case.

1. La maîtresse est entré ☐ entrée ☐ en classe toute nerveuse.

2. Nous on a promi ☐ promis ☐ promit ☐ qu'on se tiendrait bien.

3. La maîtresse a regardé ☐ regardée ☐ pour voir si nous étions bien propres.

4. L'inspecteur s'est mis ☐ mit ☐ à crier.

3 Conjugue au passé composé les verbes proposés entre parenthèses.

1. Agnan (*avoir*) .... tellement peur qu'il (*renverser*) ....
de l'encre partout sur le banc.

2. On (*se mettre*) .... au travail et ça (*être*) .... une
drôle d'affaire.

3. L'inspecteur (*entrer*) .... avec le directeur.

Attention, pour les verbes du 1er groupe, ne confonds pas le participe passé (en -é) avec l'infinitif (en -er).

4. La maîtresse, elle (*faire*) .... la tête de Clotaire quand on l'interroge,

mais elle (*ne pas pleurer*) ....

Les emplois du passé composé

● Le passé composé exprime un **fait passé** par rapport au moment où l'on parle.
Sempé et Goscinny ont écrit le premier livre de la série « Le Petit Nicolas » en 1959.

● Dans la langue courante orale et écrite, le passé composé **remplace le passé simple**.
Sempé s'est lancé à 19 ans dans le dessin humoristique.

À l'écrit, dans un langage plus soutenu, on trouverait le passé simple (*se lança*).

4 **Ce texte est présenté au passé simple, mais il a été écrit au passé composé.
Redonne-lui sa forme d'origine.**

L'inspecteur rit beaucoup, mais comme il vit que personne ne disait rien dans la classe, il remit ses sourcils en place, il toussa et il dit : « Bon, assez ri, au travail. » « Nous étions en train d'étudier les fables, dit la maîtresse, *Le Corbeau et le Renard*. » « Parfait, parfait, dit l'inspecteur, eh bien, continuez. » La maîtresse fit semblant de chercher au hasard dans la classe, et puis, elle montra Agnan du doigt : « Vous, Agnan, récitez-nous la fable. » Mais l'inspecteur leva la main. « Vous permettez ? » il dit à la maîtresse, et puis, il montra Clotaire. « Vous, là-bas, dans le fond, récitez-moi cette fable. » Clotaire ouvrit la bouche et il se mit à pleurer.

D'après J.J. Sempé et R. Goscinny, « On a eu l'inspecteur », in *Le Petit Nicolas*, © Gallimard Jeunesse, 2007.

....

....

....

....

....

....

Il y a 14 verbes à modifier.
Comme le passé composé est formé de deux éléments, tu vas être amené à changer certains mots de place.
Ne modifie que les verbes au passé simple.

....

....

....

....

5 À toi de jouer. Toi aussi, tu as peut-être vécu
une visite de l'inspecteur avec une maîtresse,
un maître ou un professeur.
Sur ton cahier de rédaction, raconte en une dizaine
de lignes comment cela s'est passé.
Tu utiliseras le passé composé pour rédiger ton récit.

● Si tu n'as jamais connu de visite d'inspecteur ou si cela ne t'a pas laissé de souvenir mémorable, tu peux inventer.
● À la manière du Petit Nicolas, tu peux mettre de l'humour dans ton récit !

5 Employer le passé simple et l'imparfait

Les terminaisons du passé simple

● Voici les terminaisons du passé simple, que l'on ajoute au radical. Attention, il existe différents modèles pour le 3e groupe ; seul le plus courant est reproduit ici (*mettre*) :

1re groupe et *aller*	-ai, -as, -a, -âmes, -âtes, -èrent *je dansai, tu dansas, il dansa, nous dansâmes, vous dansâtes, ils dansèrent*
2e et 3e groupe	-is, -is, -it, -îmes, -îtes, -irent *je finis, tu finis, il finit, nous finîmes, vous finîtes, ils finirent* *je mis, tu mis, il mit, nous mîmes, vous mîtes, ils mirent*

● **Être** : je fus, tu fus, il fut, nous fûmes, vous fûtes, ils furent.
Avoir : j'eus, tu eus, il eut, nous eûmes, vous eûtes, ils eurent.

1 Relève les verbes au passé simple, puis indique leur infinitif et leur groupe.

Hercule accomplit douze travaux sous les ordres d'Eurysthée. Il délivra le monde de monstres. Ovide et d'autres poètes rendirent ses exploits célèbres.

....

....

2 Complète ce texte en conjuguant les verbes entre parenthèses au passé simple.

À dix-huit ans, Hercule (*accomplir*) .... son premier exploit. Il (*décider*)

.... de débarrasser la ville de Thespies du lion du Cithéron. Pour cela, il

(*s'installer*) .... chez le roi Thespios. Au bout de cinquante jours, il (*réussir*)

.... à tuer la bête.

3 Recopie les phrases suivantes en mettant les verbes conjugués au passé simple.

Prends garde aux accords du verbe avec le sujet.

1. Hercule ramène vivant le sanglier d'Érymanthe.

....

2. Il capture une biche d'une taille gigantesque.

....

3. Les oiseaux du lac Stymphale ravagent la région ; Eurysthée demande alors à Hercule de les détruire.

....

Deux temps complémentaires dans un récit classique

Dans un récit classique, l'**imparfait** sert à **décrire** le temps, le décor et les personnages. Le **passé simple** introduit des **faits soudains**.

Le lion de Némée habitait *dans une caverne à deux issues ; il* était *invulnérable.*
Hercule commença *à tirer sur lui avec l'arc, mais en vain.*

Les verbes *habitait* et *était* sont à l'imparfait ; ils décrivent le lion.
Le verbe *commença* est au passé simple ; il indique une action soudaine.

4 **Souligne les verbes à l'imparfait et au passé simple, puis précise à chaque fois leur emploi** (description ou fait soudain).

Diomède était un roi de Thrace qui détenait des juments se nourrissant de chair humaine. Elles étaient quatre. Pour les calmer, Hercule leur donna Diomède en guise de repas. Dociles, les juments suivirent le dieu.

Pour repérer les verbes au passé simple, tu peux les faire précéder d'un adverbe : *soudain…*

Était : imparfait, description ; ....

....

5 **Transpose ce texte au passé en respectant les emplois du passé simple et de l'imparfait.**

Augias a de son père de nombreux troupeaux, mais il ne prend aucun soin des écuries et laisse le fumier s'entasser. Hercule se charge alors de nettoyer les écuries. Le héros réalise cet exploit en détournant le cours de deux fleuves.

....

....

....

6 **À toi de jouer. Sur ton cahier de rédaction, raconte au passé simple et à l'imparfait le deuxième travail d'Hercule représenté sur ce vase grec.**

Héraclès et l'hydre de Lerne, amphore à figures noires, 540-530 av. J.-C., peintre de Princeton, musée du Louvre, Paris.

• Commence par décrire à l'imparfait Hercule (à gauche sur l'image) et l'hydre puis raconte l'exploit d'Hercule au passé simple.
• L'hydre de Lerne était une créature terrifiante possédant neuf têtes, dont l'une était invincible. Voici la liste des actions accomplies par Hercule : couper les têtes de l'hydre ; brûler les blessures pour empêcher les têtes de repousser ; enfouir la dernière tête réputée invincible dans la terre, et la cacher sous un rocher.

6 Écrire sans faute Employer l'impératif présent

La conjugaison de l'impératif présent

- Les terminaisons de l'impératif sont les mêmes qu'à l'indicatif présent : **-s, -ons, -ez** (*Finis ! Mettons ! Partez !*). Sauf pour la 2e personne du singulier des verbes du 1er groupe, qui se termine en **-e** (*Marche ! Raconte-nous !*).

- Quelques verbes changent de radical à l'impératif.
  Aller : va, allons, allez ; **appeler** : appelle, appelons, appelez ; **dire** : dis, disons, dites ; **faire** : fais, faisons, faites ; **savoir** : sache, sachons, sachez ; **vouloir** : veuille, veuillons, veuillez.

- Retiens également la conjugaison des auxiliaires.
  Être : sois, soyons, soyez ; **avoir** : aie, ayons, ayez.

1 Souligne les formes verbales à l'impératif présent.

Il faut penser à la planète que vous allez laisser aux futures générations. Ainsi, préservez l'environnement, sensibilisez les gens qui vous entourent aux éco-gestes ! Quand vous accompagnez vos enfants à l'école, évitez la voiture ! Privilégions la marche !

Il y a 4 verbes à l'impératif présent.

2 Transforme ces consignes en les mettant à l'impératif présent.

1. Tu ne jettes pas tes déchets dans la nature.

....

2. Vous participez au nettoyage des plages.

....

3. Tu utilises des produits naturels contre les insectes.

....

4. Tu ne dois pas recourir aux huiles solaires qui se dissolvent dans l'eau.

....

Dans la dernière phrase, ne reprends pas le verbe *devoir* à l'impératif. Il est là pour signaler une défense (*ne... pas*).

3 Voici une liste de recommandations écologiques. Mets-les à la deuxième personne du singulier de l'impératif présent.

1. Réduire la consommation d'eau. Par exemple, boucher l'évier pour faire une vaisselle à la main.

....

2. Faire des économies d'énergie : éteindre la lumière quand on quitte une pièce.

....

3. Être attentif à l'environnement et avoir le bon geste écologique.

....

4 Conjugue les verbes suivants à toutes les personnes de l'impératif présent.

2e pers. du singulier	1re pers. du pluriel	2e pers. du pluriel
Attends-le !	....	....
....	Allons-nous en !	....
....	....	Écoutez-vous !
Dis-le !	....	....
....	Faisons-le !	....

N'oublie pas le trait d'union entre l'impératif et le pronom.

Les valeurs de l'impératif

Comme l'indicatif ou le subjonctif, l'impératif est un mode.
Il sert à exprimer :
– un **ordre** ; *Éteignez la lumière en partant !*
– une **défense** (avec *ne... pas*) ; *Ne mélange pas le plastique avec le papier !*
– un **conseil**. *Si tu as froid, mets un pull au lieu d'augmenter le chauffage.*

N.B. : Pour exprimer un ordre qui s'adresse à tous, on emploiera l'infinitif.
Préserver l'environnement est une priorité.

5 Souligne les trois impératifs du dialogue suivant, puis indique leur valeur.

– Où est passé Matthieu ?
– Il est allé à la conférence sur le climat organisée à la mairie. Ne l'attendons pas, cela risque de durer encore longtemps.
– Envoie-lui un message pour qu'il nous retrouve après.
– Bonne idée. Et maintenant, allons-y !

1. .... 2. .... 3. ....

6 Rédige une charte de l'environnement pour ta classe de sixième à la première personne du pluriel de l'impératif présent.

Ex. : *Installons des poubelles pour recycler les piles.*

1. ....

2. ....

3. ....

4. ....

5. ....

Tu dois rédiger 5 consignes concernant la vie de la classe. Par exemple, l'utilisation du papier ; la gestion des déchets, etc.

7 Former des phrases complètes

La phrase

● Une phrase est un ensemble de mots grammaticalement organisé qui a un sens. Au début d'une phrase, il faut mettre une **majuscule**.
Le journal « Mon Quotidien » est destiné aux enfants.

● Les signes de **ponctuation** forte (point ; point d'interrogation ; point d'exclamation) marquent la fin d'une phrase.
Un journal est une publication contenant des articles sur l'actualité du jour.
Qu'est-ce qu'un journal ?
Mon père adore lire les journaux !

1 Rétablis les majuscules et la ponctuation forte de ces phrases.

un secret caché par les grands arbres de la jungle du Guatemala, en Amérique centrale, a été découvert en effet, au mois de mars 2009, des archéologues ont trouvé de très vieilles sculptures créées par le peuple Maya : il s'agit d'un système de récolte des eaux de pluie ce système est décoré avec des frises, des motifs qui représentent les héros du Popol Vuh, livre sacré écrit par le peuple Maya ces fresques ont été sculptées dans une pierre appelée le stuc 300 ans avant notre ère elles mesurent 4 mètres de long sur 3 mètres de haut alors, les Mayas, à cette époque, simples paysans non puisqu'ils étaient déjà capables de produire des œuvres d'art

Tu dois insérer 7 majuscules, 4 points, 1 point d'interrogation, 2 points d'exclamation. Utilise les points d'exclamation pour mettre certaines phrases en valeur.
Attention, il y a des phrases très courtes !

Phrases verbales et phrases nominales

● Les phrases verbales sont les plus courantes. Elles s'organisent autour d'**un verbe**.
Le journaliste rédige un article.

● Les phrases nominales ne contiennent pas de verbe conjugué. Elles s'organisent autour d'**un nom**. On les rencontre souvent dans les titres de journaux.
Victoire de la France au championnat du monde d'escrime.

2 Souligne les phrases nominales en rouge et les phrases verbales en vert. Entoure le verbe conjugué dans les phrases verbales.

1. Des dessins de Léonard de Vinci découverts au dos d'un tableau !

2. Le squelette d'un mammouth mort il y a 40 000 ans a été découvert à Los Angeles.

3. Une tigresse et une truie ont échangé leurs petits dans un zoo en Thaïlande.

4. Création d'un parc naturel sur l'île de Bornéo pour prendre soin des orangs-outans.

3 Transforme les phrases nominales en phrases verbales
et les phrases verbales en phrases nominales.

1. Une banque a été cambriolée. → ....

2. Découverte d'un trésor en Égypte. → ....

3. Rencontre des chefs d'État français et américain à Washington.

→ ....

4. Des alpinistes français ont conquis l'Everest.

→ ....

Phrases simples et phrases complexes

Une phrase peut comprendre une ou plusieurs propositions (une proposition est un groupe de mots composé généralement d'un sujet, d'un verbe et de compléments).

● Une phrase **simple** est composée d'**un seul verbe** conjugué. C'est une proposition indépendante. *Une gardienne de zoo a adopté un bébé lémurien.*

● Une phrase **complexe** est composée de **plusieurs verbes** conjugués. Elle compte autant de propositions que de verbes conjugués (2 verbes conjugués = 2 propositions).
[*Une gardienne de zoo a adopté un bébé lémurien*] [*qui avait été rejeté par sa mère.*]

4 Indique si ces phrases sont simples (S) ou complexes (C). Puis découpe les phrases complexes en séparant les propositions d'un trait vertical.

1. Les restes d'un serpent préhistorique ont été découverts en Colombie.	❏ S ❏ C
2. L'armée russe fabrique des armes gonflables car elle veut tromper l'adversaire en faisant peur à moindre coût.	❏ S ❏ C
3. Le rhinocéros de Java est le mammifère le plus rare du monde puisque moins de 60 spécimens sont encore en vie actuellement.	❏ S ❏ C

5 Ajoute une deuxième proposition à ces phrases pour en faire des phrases complexes.

1. Le 22 avril a lieu la « journée de la Terre », qui ....

2. Le « Nobel vert » est un prix décerné à ceux qui se battent pour préserver la planète afin que ....

6 À toi de jouer. Sur ton cahier de rédaction, développe ces titres en des brèves formées de deux ou trois phrases.

1. De plus en plus de vols de sacs à main dans le métro !

2. Un homme escalade la Tour Eiffel à mains nues !

Une brève est un texte de quelques lignes qui résume l'essentiel d'une information.

8 Construire une question

Les caractéristiques d'une question

Une question commence par une **majuscule** et se termine par un **point d'interrogation**.
As-tu une vedette préférée ?

1 Modifie les phrases suivantes pour qu'elles présentent
les caractéristiques de questions.

1. quelles ont été vos scènes préférées – 2. quel effet cela fait-il de

devenir star en si peu de temps – 3. les chorégraphies sont-elles

difficiles – 4. est-ce que vous vous entendez tous bien

Ces questions pourraient par exemple être posées aux acteurs de la « High School Musical ».

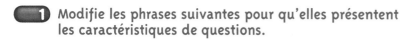 Les différentes constructions d'une question

Il y a **trois façons** de poser une question :
– en inversant le sujet (niveau de langue soutenu) ;
Êtes-vous surpris de votre succès ?
– en la faisant commencer par *Est-ce que* (niveau de langue courant) ;
Est-ce que vous êtes surpris de votre succès ?
– en gardant le modèle d'une phrase déclarative et en ajoutant seulement un point
d'interrogation à la fin (niveau de langue familier).
Vous êtes surpris de votre succès ?

2 Transforme ces phrases déclaratives en questions. Tu utiliseras à chaque fois
les trois types de construction.

Ex. : *Tu aimes les chansons françaises.* [phrase déclarative]
[questions] *Aimes-tu les chansons françaises ? Est-ce que tu aimes les chansons françaises ?*
Tu aimes les chansons françaises ?

1. Tu connais Michael Jackson, le roi de la pop.

→ ....

→ ....

→ ....

2. Il est l'artiste qui a vendu le plus d'albums au monde.

→ ....

→ ....

→ ....

Attention ! Pour la 2ᵉ phrase, tu vas devoir intercaler un t de liaison entre le a et le il pour construire la question sous une forme soutenue (a-t-il).

3 Pose les questions correspondant aux réponses suivantes. Tu utiliseras à chaque fois les trois types de construction, comme dans l'exercice précédent.

1. Oui, j'apprécie les chansons de Beyoncé.

→ ....

→ ....

→ ....

2. Non, je ne pense pas qu'une star puisse avoir du talent dans plusieurs domaines.

→ ....

→ ....

→ ....

Les mots interrogatifs

Une question peut commencer par :
– un **pronom interrogatif** (*qui, que, quoi, lequel, duquel, auquel...*) ;
– un **déterminant interrogatif** (*quel, quels, quelle, quelles*) ;
– un **adverbe** interrogatif (*comment, où, quand, pourquoi*).

4 Complète les questions avec le mot interrogatif qui convient :
comment − pourquoi − quand − quels − quelles.

1. .... sont tes stars préférées ?

2. .... sont les styles de musique que tu écoutes ?

3. .... vas-tu au concert de Justin Bieber ?

4. .... n'aimes-tu pas le rap ?

5. .... trouves-tu l'album de Sliimy, *Paint your face* ?

5 Pose trois questions pouvant avoir pour réponse la phrase suivante. La première question commencera par *quand*, la deuxième par *qui* et la troisième par *comment*.

Sliimy a été repéré en 2008 sur Internet grâce à sa reprise du tube « Womanizer » de Britney Spears.

→ ....

→ ....

→ ....

Pour la 1re et la 3e question, tu dois reprendre le sujet *Sliimy* par le pronom *il* pour arriver à une inversion du sujet.

6 À toi de jouer. Prépare l'interview de ta vedette préférée ! Rédige sur ton cahier de rédaction cinq questions que tu aimerais tout particulièrement lui poser.

Essaie de varier les constructions et d'utiliser différents mots interrogatifs.

9 Employer le vocabulaire des émotions

Les différentes émotions

● Lorsque l'on vit un **événement marquant**, on ressent des émotions plus ou moins intenses, positives ou négatives. Les principales émotions sont : la colère, la peur, l'amour, la joie, la tristesse et la surprise.

● Pour chaque émotion, il existe un **champ lexical** précis, c'est-à-dire un ensemble de mots ou d'expressions qui s'y rapportent, et qui permettent de l'exprimer avec précision. Par exemple, il existe différents degrés de la colère : *irrité, fâché, furieux...*

1 Classe les mots suivants par champ lexical : *allégresse − heureux − découragé − désarroi − désespoir − enthousiasmer − épouvante − extase − effrayé − mélancolique − panique − appréhender.*

Un champ lexical regroupe des mots de classes grammaticales différentes.

1. Champ lexical de la joie : ....

2. Champ lexical de la peur : ....

3. Champ lexical de la tristesse : ....

2 Les adjectifs suivants expriment tous la surprise. Classe-les en fonction de leur nuance positive ou négative : *atterré − consterné − ébahi − effaré − époustouflé − émerveillé − épaté − sidéré.*

Nuance positive	Nuance négative
....	....
....	....

3 Complète ces phrases par les mots ou groupes de mots qui conviennent : *colère − déformé − emportement − exaspération − furieux − rage − injectés de sang − violemment.*

1. L'assassin s'approcha de sa victime : ses yeux étaient ...., son visage était .... par la ....

2. Lorsque ses hommes lui apprirent qu'ils avaient perdu la piste du criminel, le détective devint .... Sa .... explosa.

3. Son .... fut à son comble lorsqu'il comprit que le criminel avait dérobé une arme. Dans son ...., il tapa .... sur la table.

Décrire les manifestations d'une émotion

Les émotions sont souvent visibles par les **manifestations physiques** qu'elles engendrent.

Pour décrire ces réactions du corps, on utilise généralement :

– des verbes de **perception** ; *sentir, éprouver, être saisi de...*

– des verbes de **sensation** ; *trembler, pleurer, rougir...*

– des **expressions imagées** ; *bouillir de colère, se sentir pousser des ailes...*

4 Indique à quelles émotions correspondent les verbes et les expressions suivantes.

sursauter ● ● la peur

rayonner ● ● la surprise

sangloter ● ● la tristesse

tomber des nues ● ● l'épouvante

sortir de ses gonds ● ● la colère

être pétrifié ● ● la joie

Essaie d'imaginer des phrases dans lesquelles tu utiliserais ces verbes et expressions.

5 **Complète ce texte à trous avec la liste de mots suivants :** *blêmis — chair de poule — épouvantable — glaça — panique — pétrifié — sueurs froides — tremblant comme — une boule dans ma gorge.*

Un cri perçant .... mon cœur. .... une feuille, je me retournai pour

voir ce qui se passait. Un monstre .... me fixait intensément. ....,

je sentais .... J'avais la .... et des

.... me coulaient dans le dos. Mes yeux trahissaient la .... Tout à

coup, la chose monstrueuse s'approcha. Je .... de peur.

6 **À toi de jouer. Rédige la suite de cet extrait de roman policier. Tu insisteras sur les émotions engendrées chez les personnages par la découverte de ce meurtre.**

> Nous nous approchâmes [...] : un homme était étendu face contre terre [...]. Holmes frotta une allumette ; à sa lueur, nous vîmes que ses doigts étaient poissés de sang et qu'une mare sinistre s'élargissait à partir du crâne écrasé.
>
> Conan Doyle, *Le Chien des Baskerville*, coll. Bouquins, © Robert Laffont, 1956.

• Utilise des verbes de perception et de sensation pour exprimer les émotions.
• Tu peux nuancer le degré des émotions par des adverbes : *très, extrêmement...*
• Pense à montrer les manifestations physiques liées à chaque émotion.

....

....

....

....

⑩ Bien utiliser les pronoms

Comprendre le rôle d'un pronom

Un pronom peut remplacer un mot ou un groupe de mots. Il permet ainsi d'**éviter des répétitions** dans un texte.

Gilgamesh entraîne Enkidou dans un tourbillon d'activités. Gilgamesh veut apprendre à Enkidou tout ce que Gilgamesh sait de la vie.

Pour alléger ces phrases, il est possible de remplacer les noms en rouge par des pronoms.

→ *Gilgamesh entraîne Enkidou dans un tourbillon d'activités. Il veut lui apprendre tout ce qu'il sait de la vie.* (Le pronom *il* renvoie à Gilgamesh, le pronom *lui* à Enkidou.)

1 Indique entre parenthèses quels sont les mots remplacés par les pronoms en orange.

Voilà le domaine dont Gilgamesh est le maître. Il (.....................) le (.....................) gère, le (.....................) dirige à sa guise, le (.....................) plie à sa volonté et ne rend compte de ses actes qu'aux dieux, les véritables propriétaires. Ils (.................) sont deux à se partager la vie et à la (.....................) protéger. Anou, le plus grand de tous, et Ishtar, la Dame-du-Ciel, qui règne sur l'amour et aussi sur la guerre. Pourtant, malgré cette protection, Ourouk ne connaît pas la paix car Gilgamesh ne lui (.....................) laisse aucun répit.

J. Cassabois, *Le Premier Roi du monde, L'Épopée de Gilgamesh*,
© Le Livre de Poche Jeunesse, 2004.

2 Complète les phrases suivantes avec le pronom qui convient.
(Coche la bonne case.)

1. Ea et Arourou sont des dieux. Ce sont elles ❑ eux ❑ lui ❑ qui ont créé Enkidou.

2. Gilgamesh aperçoit Enkidou. Méfiant, il l' ❑ la ❑ lui ❑ observe du coin de l'œil.

3. Gilgamesh sent monter le désir de se mesurer à le ❑ lui ❑, de l' ❑ le ❑ affronter, et il élabore déjà un plan pour la ❑ le ❑ lui ❑ vaincre.

4. Gilgamesh appelle la déesse Ninsouna, et se confie à lui ❑ elle ❑.

Attention, certains verbes se construisent avec un COI, comme *se confier*.

Connaître les différents pronoms substituts

● Les pronoms **personnels** de la 3ᵉ personne sont les plus utilisés. Ils peuvent être sujet (*il, elle, ils, elles*), COD (*le, la, les*) ou COI (*lui, leur, eux*).

● Les pronoms **démonstratifs** peuvent être simples (*ceci, celui, celle, cela...*) ou composés (*celui-ci, celle-là, ceux-ci...*).
La particule *-ci* (*ceux-ci*) exprime la proximité, *-là* (*celui-là*) l'éloignement.

● Les pronoms **possessifs** marquent la possession : *le mien, la tienne, le nôtre, les leurs...*

3 Complète les phrases à l'aide des pronoms proposés : *celles-ci – elles – il – les – lui.*

Un chasseur parle d'Enkidou à Gilgamesh.

– C'est un être, dit-........., qui marche sur ses jambes, ressemble à un homme et vit parmi les bêtes. Berger des gazelles, ... ne .... quitte jamais. .... conduit .... aux points d'eau, ... protège des lions qu'......... chasse à mains nues, se perche dans un arbre pendant qu'......... broutent, ... soulage de leur lait en .... tétant à la mamelle. [...] Ses cheveux [...] pendent en nattes grossières dans son dos et .... battent les fesses.

Ibid.

4 Voici un texte qui comporte beaucoup de répétitions. Réécris-le en remplaçant les mots ou groupes de mots soulignés par les pronoms *il*, *le*, *lui* et *cela*.

Gilgamesh, jaloux d'Enkidou, cherche à l'affaiblir. Il le nomme « l'être ».

Le plan de Gilgamesh est simple. L'être est sauvage. Ce que <u>l'être</u> sait de la vie, c'est la steppe qui a appris <u>à l'être</u> <u>ce qu'il sait de la vie</u>. Sa force, <u>l'être</u> la puise dans la nature, rude comme <u>l'être</u>.
Pour affaiblir <u>l'être</u>, il faut donc couper <u>l'être</u> de sa source et, pour <u>le couper de sa source</u>, faire entendre <u>à l'être</u> les battements de son cœur, attirer <u>l'être</u> vers une nouvelle vie.

Commence par identifier la fonction des mots soulignés (sujet, COD ou COI).
Les pronoms personnels COD et COI se placent avant le verbe.

D'après *L'épopée de Gilgamesh.*

5 À toi de jouer. Continue le récit du combat entre Enkidou et Gilgamesh en évitant de répéter le nom des personnages. Travaille sur ton cahier de rédaction.

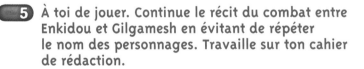

Enkidou avance vers Gilgamesh. Il ne court pas. Il marche et son pas est lourd sur la terre battue, encombrée de détritus et de tessons. Arrivé devant Gilgamesh, il le saisit à bras-le-corps. Gilgamesh fait de même. Leurs mains claquent sur leurs flancs, leurs muscles roulent sous leurs poignes et se durcissent.

Ibid.

• Développe ton texte sur une dizaine de lignes en utilisant le vocabulaire du combat. Insère des phrases de dialogue si tu le souhaites.
• Insiste sur la violence de leur lutte et sur le rôle de la foule qui encourage tantôt l'un et tantôt l'autre.
• Finalement, les deux hommes cessent le combat car ils se reconnaissent comme semblables.

11 Éviter une répétition à l'aide d'un nom

Employer un synonyme ou un terme générique

● Tu as vu dans la leçon précédente comment éviter la répétition d'un nom à l'aide d'un pronom (voir p. 22-23).

● Tu as aussi la possibilité de remplacer un nom par :
– un **synonyme** : un mot de même nature qui a le même sens ou un sens voisin ;
Shéhérazade implora son mari de lui laisser underline{un sursis}. *Celui-ci lui accorda le délai demandé.*
– un **terme générique** : un nom qui désigne un ensemble incluant le nom qu'on remplace (*cerisier* → *arbre* ; *labrador* → *chien*, etc.).
Le prince caressait underline{le chat} *avec tendresse. Flatté, le félin se mit à ronronner.*

1 Remplace les mots en orange par l'un des synonymes suivants : *génie – grotte – merveilleuse – misère – surgir – vœux.*

Aladdin vit dans la pauvreté (....................). Il découvre un jour une lampe

magique (....................) dans une caverne (....................). En la nettoyant,

sa mère fait apparaître (....................) un esprit (....................). Celui-ci lui

propose de lui exaucer trois souhaits (....................).

N'oublie pas que des synonymes ont la même nature grammaticale.

2 a. Associe chaque mot de la colonne de gauche au terme générique qui convient.

pâtisserie ●	● vêtement
conte ●	● édifice
princesse ●	● pierre précieuse
émeraude ●	● femme
tunique ●	● récit
palais ●	● dessert

b. Utilise certains des couples de mots du a. dans les phrases suivantes.

1. La .... Jasmine aime beaucoup les émeraudes.
La couleur verte de ces .... la ravit.

2. J'ai lu le .... *Sindbad le marin*. C'est un .... passionnant.

3. Aladdin aperçut le .... du vizir. L'......................, sompteux, se dressait en haut de la colline.

Dans la phrase 1, tu dois accorder le terme générique au pluriel.

Employer une périphrase

● Tu peux aussi remplacer un nom par un GN appelé **périphrase**. La périphrase permet généralement d'exprimer une **caractéristique** de l'objet ou de la personne désignée.

Ali Baba se cacha dans un buisson. Le modeste bûcheron entendit alors la formule magique.

La périphrase *le modeste bûcheron* donne une indication sur le métier d'Ali Baba.

● Note qu'il est possible de répéter un même nom, à condition de le faire précéder d'un déterminant démonstratif (*ce, cette, ces*).

Schéhérazade proposa un marché au <u>prince</u> afin d'avoir la vie sauve. Ce prince accepta.

3 Lis ce texte puis réponds aux questions.

Schahriar courut à l'appartement de sa femme. Il livra la sultane à son grand vizir avec ordre de la faire étrangler ; ce que ce ministre exécuta sans s'informer du crime qu'elle avait commis. Ce prince irrité n'en demeura pas là.

D'après *Les Mille et Une Nuits.*

a. Quel pronom et quel groupe nominal évitent la répétition de « Schahriar » ?

....

b. Quel groupe nominal évite la répétition de « femme » ? ....

c. Quel groupe nominal évite la répétition de « grand vizir » ? ....

4 Indique à quel nom (ou GN) correspondent les périphrases suivantes :
Aladdin — la lune — la mort — l'Orient — le palais.

la demeure royale → ....

le pays du Levant → ....

le jeune homme à la lampe magique → ....

le séjour des ombres → ....

l'astre de la nuit → ....

Une périphrase peut être poétique. C'est le cas du « séjour des ombres » ou de « l'astre de la nuit », par exemple.

5 Sur ton cahier de rédaction, corrige les répétitions de ce texte. (Elles ont été soulignées.)

Schahriar décide de se venger de sa femme qui l'a trahi. Pour <u>se venger</u>, <u>Schahriar</u> <u>décide</u> de changer de <u>femme</u> chaque nuit. Chacune de ces malheureuses <u>femmes</u> sera tuée le lendemain. Seule Schéhérazade échappe à la mort. <u>Schéhérazade</u> a le pouvoir de raconter des histoires et se sert de <u>ce pouvoir</u> pour <u>échapper à la mort</u>.

Voici des mots que tu peux utiliser pour améliorer le texte : *don ; épouse ; prendre la résolution de ; princesse ; se faire justice ; se soustraire à la condamnation fatale ; victimes…*

12 Apporter des précisions à l'aide d'adjectifs

Employer des adjectifs qualificatifs

- L'adjectif qualificatif s'ajoute à un nom pour en exprimer une **qualité**, une **caractéristique**.
  Le vaillant Persée s'avança sur son fier destrier, brandissant une magnifique épée.

- Il s'accorde en **genre** (masculin ou féminin) et en **nombre** (singulier ou pluriel) avec le nom qu'il qualifie (voir p. 4).

1 Souligne tous les adjectifs de ce texte.

1. Le terrible roi Polydectès usa d'un habile stratagème pour éloigner le jeune Persée de sa magnifique mère Danaé.

2. Il demanda au courageux Persée d'aller couper la tête de l'horrible Méduse.

3. Méduse était une créature malfaisante qui, d'un simple regard, pouvait changer les hommes en pierre.

Tu dois trouver 8 adjectifs en tout.

2 Complète le texte suivant en accordant les adjectifs correctement.

La (*divin*) .... Athéna détestait la (*terrible*) ....
Méduse. Elle aida donc le (*jeune*) .... Persée dans sa
(*périlleux*) .... mission. Elle l'arma et le guida vers un
champ (*isolé*) .... où se trouvaient les Gorgones (*endormi*)
.... D'un (*seul*) .... coup de sa serpe (*acéré*)
........................, Persée coupa la tête de Méduse.

Prends garde au féminin de *périlleux*.
Une *gorgone* est une créature pétrifiant les hommes par son regard.

3 Utilise le nom et l'adjectif proposés entre parenthèses dans une phrase de ton choix, en les accordant selon le genre et le nombre demandés.

Ex. : *(femme ; beau ; fém. singulier)* Une <u>belle femme</u> sortit du palais avec ses amies.

1. *(aile ; léger ;* féminin pluriel)

....

2. (*héros ; victorieux ;* masculin singulier)

....

3. (*région ; lointain ;* féminin singulier)

....

4. (*châtiment ; cruel ;* masculin pluriel)

....

Décrire à l'aide d'adjectifs

Les adjectifs apportent des **précisions** aux noms qu'ils qualifient.

Ils permettent ainsi de caractériser l'aspect physique d'un personnage ou d'un objet, l'état d'esprit ou le caractère d'un personnage, une situation, un paysage, etc.

Le brave et beau Persée chevaucha à travers les champs dorés sous un soleil brûlant.

---

4 **Classe les adjectifs dans le tableau selon qu'ils indiquent une caractéristique physique ou morale :** *blond — confiante — élancé — joufflu — indécise — indiscret — longiligne — maigre — méfiant — optimiste.*

Caractéristiques physiques	Caractéristiques morales
....	....
....	....

---

5 **Recopie le texte en enrichissant les mots soulignés à l'aide des adjectifs qualificatifs et des groupes nominaux proposés :** *éblouissante de beauté — imprudentes — magique — marin — natale — valeureux.* **(Aide-toi des accords et du sens.)**

Arrivé en Éthiopie, <u>Persée</u> découvre une jeune <u>fille</u>, Andromède. Elle doit être livrée en sacrifice à un <u>monstre</u>, à cause des <u>paroles</u> de sa mère. Aidé de son <u>épée</u>, Persée la libère, avant de l'épouser. Il regagne ensuite sa <u>cité</u>, Argos.

....

....

....

....

Tu dois ajouter un article défini au nom *Persée.* Par exemple : *le courageux Persée.*

---

6 **À toi de jouer. Voici une image représentant la libération d'Andromède par Persée. Sur ton cahier de rédaction, décris cette image. Tu utiliseras au moins un adjectif dans chaque phrase.**

À droite, on peut voir Persée qui…
À gauche, se tient Andromède…
Andromède est vêtue…
Persée tient dans sa main gauche…

Persée délivrant Andromède, 50-79 av. J.-C., fresque, maison des Dioscorides, Musée Archéologique National, Naples.

Tu peux inventer d'autres amorces de phrase pour décrire les couleurs de l'image, les postures des personnages, leur position…

13 Apporter des précisions sur les circonstances de l'action

Les compléments circonstanciels de temps et de lieu

● Les compléments circonstanciels (CC) apportent des précisions sur les **circonstances** des actions exprimées par le verbe. On peut les **modifier**, les **déplacer** ou les **supprimer** sans changer le sens de la phrase.
Le chat rêvassait. Le chat rêvassait dans le jardin. Dans le jardin, le chat rêvassait.

● Ils peuvent exprimer :
– le **lieu** (où l'action se passe-t-elle ?) ;
Delphine et Marinette jouent dans le champ voisin.
– le **temps** (quand l'action se passe-t-elle ?).
Ce jour-là, Delphine et Marinette jouaient dans le champ voisin.

1 **Complète le texte avec les CC de temps et de lieu proposés :** *derrière la ferme – la veille – un matin de vacances.*

...., Delphine et Marinette s'installèrent dans le pré,

.............................., avec leurs boîtes de peinture. Les boîtes étaient toutes neuves. C'était

leur oncle Alfred qui les leur avait apportées .... pour récompenser

Marinette d'avoir sept ans.

M. Aymé, « Les boîtes de peinture », in *Les Contes du chat perché*, © éd. Gallimard, 1939.

2 **Dans le texte suivant, souligne les CC de temps en rouge, les CC de lieu en vert.**

Le soir de ce même jour, [...] Delphine, Marinette, les parents et toutes les bêtes de la ferme formèrent un grand cercle dans la cour. Au milieu du cercle, Alphonse était assis sur un tabouret. Sans se presser, il fit [...] sa toilette et, le moment venu, passa plus de cinquante fois sa patte derrière l'oreille. Le lendemain matin, après vingt-cinq jours de sécheresse, il tombait une bonne pluie [...]. Dans le jardin, dans les champs et dans les prés, tout se mit à pousser et à reverdir.

M. Aymé, « La patte du chat », in *Les Contes du chat perché*, © éd. Gallimard, 1939.

Alphonse est le chat de Delphine et Marinette. Il y a 4 CC de temps, 5 de lieu.

3 **Enrichis chacune de ces phrases avec un CC de temps et de lieu.**

1. Delphine et Marinette jouent.

....

2. Les parents travaillent.

....

3. Le chat guettait une souris.

....

Chacune de tes phrases doit contenir les réponses aux questions *Où ?* et *Quand ?*

Les compléments circonstanciels de manière et de moyen

Les compléments circonstanciels peuvent aussi exprimer :
– la **manière** (de quelle manière l'action a-t-elle lieu ?) ;
Delphine peint avec application.
– le **moyen** (grâce à quel moyen l'action est-elle réalisée ?).
Delphine peint avec un pinceau.

4 **Complète les phrases suivantes avec les CC de manière et de moyen proposés :**
à coups de balai — à coups de sabot — à ne pas mettre un chien dehors — avec des voix d'ogre — sur ce ton-là.

Dans « La Patte du chat », les parents de Delphine et Marinette sont en colère contre le chat car il ne cesse de passer sa patte derrière l'oreille. Ils croient que c'est de sa faute s'il pleut...

1. Puisque vous le prenez ...., dit le chat, j'aime mieux m'en aller.

2. Il pleuvra demain ....

3. Dans un moment où leur colère tournait à l'exaspération, ils tombèrent sur le chat, l'un

..............................., l'autre ...., en le traitant d'inutile

et de fainéant.

4. Non, non ! répondaient les parents ...., pas de pitié

pour les mauvais chats !

5 **Emploie les CC suivants dans quatre phrases de ton choix :** *avec acharnement — avec un crayon de couleur — depuis la fenêtre — gaiement — quand la cloche sonna — sur le toit.*

1. ....

2. ....

3. ....

Tu peux utiliser deux compléments dans une même phrase.

4. ....

6 **À toi de jouer. Rédige en quelques lignes le début d'un conte mettant en scène Delphine, Marinette et un cheval.**
Ton texte devra comporter quatre CC exprimant le lieu, le temps, la manière et le moyen.
Travaille sur ton cahier de rédaction.

• Un début de conte présente la situation initiale de l'histoire : réfère-toi à la leçon 22 p. 46.
• Tu pourrais par exemple imaginer comme point de départ que Delphine et Marinette se trouvent avec le cheval et qu'elles expriment le désir qu'il les emmène faire le tour du monde.

14 Organiser un texte avec des paragraphes

Créer un paragraphe

- Un texte est très souvent divisé en paragraphes. Un paragraphe est un ensemble de phrases qui forme une **unité de sens** autour d'un même thème ou d'une même idée.

> une idée → un paragraphe

- Un paragraphe commence toujours par un **alinéa**, c'est-à-dire par un léger retrait du début de la première phrase vers la droite.

1 Retrouve les trois paragraphes de ce texte. (Sépare-les par une barre.)

Narcisse fut pleuré par les nymphes des sources et des arbres. Écho reprenait leurs plaintes. [Les divinités] déposèrent leurs cheveux coupés sur sa tombe et commencèrent les préparatifs du deuil. Elles dressèrent le bûcher, secouèrent les torches, préparèrent la civière sur laquelle déposer le corps. Mais le corps avait disparu. À sa place avait poussé une fleur, jaune, couleur de safran, d'où rayonnent des pétales blancs. Un narcisse.

F. Rachmuhl, *16 Métamorphoses d'Ovide*, Castor Poche, © Flammarion, 2003.

2 Dégage l'idée principale de chacun de ces paragraphes.

Déjà la terre avait émergé du chaos, mélange confus de tous les éléments. Elle existait plate et ronde, avec la mer tout autour, le ciel au-dessus, le soleil dans le ciel.
Déjà le monde était peuplé par les Titans, géants primitifs, et par les dieux […].
Déjà Prométhée, un Titan ingénieux, avait façonné l'homme, avec de la boue et de l'eau.

Ibid.

Tu dois reformuler l'idée générale de chaque paragraphe en quelques mots.

Paragraphe 1 : ....

Paragraphe 2 : ....

Paragraphe 3 : ....

Coordonner des paragraphes

- Pour faciliter la compréhension d'un texte, il faut ordonner les paragraphes dans un **ordre logique** et les relier entre eux par des **mots de liaison**.
- Les mots de liaison **temporels** indiquent une succession d'actions dans le temps : *en ce temps-là, jadis, un jour, à ce moment-là, soudain, alors, puis, ensuite...*
  En ce temps-là, Dryopé était la plus belle des femmes de l'île.
- Les mots de liaison **logiques** indiquent une cause (*car, parce que...*), une conséquence (*donc, ainsi...*) ou une opposition (*mais, or...*).
  Mais un sort injuste la transforma en un arbre.

3 Lis le texte suivant et complète le tableau.

[À ce moment], la nymphe Io disparut. Elle était
la fille chérie du fleuve Inachus qui coule en Grèce […].
Son père la cherchait […].

Or voici ce qui s'était passé.

Un beau jour d'été, Io venait de quitter son père
et s'éloignait des bords du fleuve, par un petit chemin
de campagne, quand Jupiter l'avait aperçue.

« Ô jeune fille, digne du maître du monde, s'était-il
exclamé, bienheureux sera celui à qui tu donneras ton
cœur ! »

Ibid.

	Paragraphe 1	**Paragraphe 2**	**Paragraphe 3**	**Paragraphe 4**
Idée développée	....	....	....	....
Mots de liaison ou marques d'un dialogue	....	....	....	....

4 Structure les paragraphes suivants à l'aide des mots de liaison proposés : *alors – dès que – désormais – en ce temps-là – mais.*

........................., Écho avait un corps.

.... elle voit Narcisse, elle en tombe éperdument amoureuse, et se lance à

sa poursuite.

...................., au moment où elle lui parle, le jeune homme la fuit, tout amoureux

qu'il est de son propre reflet.

Méprisée, la nymphe se réfugie .... dans la forêt. Sa peau, si lisse aupara-

vant, se dessèche ; la sève qui l'animait jadis se tarit.

...................., seul un son subsiste d'elle.

5 À toi de jouer. Sur ton cahier de rédaction,
imagine en trois paragraphes
la métamorphose d'un homme en oiseau.

• Chaque paragraphe doit correspondre à
une étape différente de la métamorphose.
• Pense à utiliser des verbes de
transformation : *se changer en,
se métamorphoser en...*
• N'oublie pas d'utiliser des mots de
liaison spatiaux-temporels et logiques.

Rédiger des réponses à des questions sur un texte

Analyser la question

● Dans une **question**, on commence par repérer le **mot interrogatif** : *qui, pourquoi, comment, dans quel but, est-ce que...*
Comment le Nautilus est-il propulsé ?
Si tu peux répondre par oui ou non, la question est totale. Sinon, elle est partielle.

● Dans une **consigne**, c'est le **verbe** employé qui te renseigne sur le type de travail demandé.

Verbe	Ce qu'il faut faire
Définis	Donner une définition.
Identifie	Repérer et nommer un élément du texte.
Relève	Sélectionner dans le texte les éléments demandés et les recopier.
Explique	Repérer et reformuler les raisons d'une action, d'un phénomène...
Justifie	Construire sa réponse en s'appuyant sur des éléments du texte.

1 a. **Entoure les verbes des consignes suivantes.**

1. Associe chaque mot à sa définition.

2. Relève les synonymes du mot *combat*.

3. Indique comment le narrateur traduit la colère du personnage.

4. Détermine le niveau de langage employé dans cet extrait. Justifie ta réponse.

b. **À quelle consigne correspond la réponse suivante ? Indique son numéro.**

...... On peut relever comme synonymes de ce mot : *bataille, mêlée, guerre.*

2 **À partir de la réponse, déduis le mot interrogatif de la question qui a été posée.**

1. **Réponse** : Le capitaine Nemo s'adresse à Ned Land.
→ **Question** : Comment ❑ À qui ❑ le capitaine Nemo s'adresse-t-il ?

2. **R.** : Non, mais il le garde comme prisonnier pour lui faire découvrir la richesse du monde sous-marin.
→ **Q.** : Pourquoi ❑ Est-ce que ❑ le capitaine Nemo a l'intention de tuer le professeur Aronnax ?

3. **R.** : L'équipage vient à bout des poulpes géants à l'aide de haches.
→ **Q.** : Grâce à qui ❑ Comment ❑ l'équipage vient-il à bout des poulpes géants ?

4. Le capitaine Nemo s'est retiré dans son sous-marin parce qu'il ne supportait plus la compagnie des hommes.
→ **Q.** : Quand ❑ Pourquoi ❑ le capitaine Nemo s'est-il retiré dans son sous-marin ?

Corrigés

Accorder les mots qui vont ensemble

1 1. Koala : marsupial grimpeur au pelage gris très fourni, ressemblant à un petit ours.

2. Rhinocéros : mammifère de grande taille, à la peau épaisse et rugueuse, portant une ou deux cornes sur le nez.

3. Tigre : grand félin (le plus grand), au pelage roux rayé de bandes transversales.

2 Regarde ces beaux coquillages et ces poissons tropicaux. Un vrai festival de couleurs ! Ne les pêche pas, ce sont des espèces protégées. Et ces méduses, sont-elles venimeuses ou inoffensives ? Elles ressemblent à de jolies danseuses. En fait, elles ne sont pas si dangereuses, mais je ne te conseille pas de les toucher car tu risques de ressentir à leur contact de vives démangeaisons.

3 Un ours

Il
Des ours
Ils
Tu

aime manger du miel.
aimes manger du miel.
aiment manger du miel.
aimait manger du miel.
aimaient manger du miel.

4 Le parc où vivent les gorilles de montagne est un parc national protégé. Les gorilles fascinent les scientifiques. Ils paraissent terrifiants, mais ce sont des animaux pacifiques.

5 Les loups appartiennent à la classe des mammifères carnivores. Ils mesurent 90 cm de hauteur et 1,6 mètre de longueur ; ils ont des yeux en amande, un museau pointu, ainsi qu'une queue touffue et pendante. Ces animaux vivent dans les forêts et se déplacent en meute. Ils se nourrissent de 1,5 à 2,5 kilos de viande par jour. Leurs portées comptent cinq à huit louveteaux.

Distinguer les principaux homonymes

1 a. Zeus était le fils de Cronos et de Rhéa. C'était le souverain des dieux de l'Olympe. Il présidait au ciel et à la pluie, lançait la foudre et les éclairs, représentait l'ordre et la justice. Il était vénéré par les Grecs.
b. Zeus est le fils de Cronos et de Rhéa. C'est le souverain des dieux de l'Olympe. Il préside au ciel et à la pluie, lance la foudre et les éclairs, représente l'ordre et la justice. Il est vénéré par les Grecs.

2 Héra est la plus grande des déesses olympiennes. Elle est la fille de Cronos et de Rhéa, et la sœur de Zeus. C'est la protectrice des épouses.

3 1. L'*Iliade* et l'*Odyssée* sont deux chants antiques consacrés à la guerre de Troie. – 2. Ulysse s'y distingue par son courage et son intelligence. – 3. Les Troyens sont finalement vaincus par les Grecs.

4 Les dieux
Nous parviendrons
Cet homme

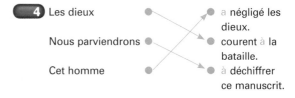

a négligé les dieux.
courent à la bataille.
à déchiffrer ce manuscrit.

5 Ils ont
On

a honoré les dieux.
désobéi aux dieux.
chante la victoire.
la chance avec eux.

6 Aphrodite est la déesse de l'amour. Elle est la fille d'Ouranos ; celui-ci l'a conçue en fécondant la mer. On dit donc qu'Aphrodite est née de l'écume. Elle fascine par son incroyable beauté. Elle a pour mari Héphaïstos.

3 Écrire sans faute   ## Employer le présent de l'indicatif

1 *Quand le sketch* commence, *Julia* tient *l'élastique. Charlotte* saute. *Franky* shoote *des tirs au but qu'Hervé* laisse *systématiquement passer.*

FRANKY [...]. – C'est pas vrai ! T'es une vraie passoire, Hervé !
HERVÉ, *soufflant d'épuisement*. – J'en peux plus ! Ça fait au moins une heure qu'on joue !
FRANKY, *riant*. – Une heure ! T'es ouf ? On vient à peine de commencer...

2 JULIA, *dégageant une jambe de l'élastique*. – Bon, Charlotte, je vais rentrer, moi. Il faut que je révise ma grammaire pour demain...
CHARLOTTE, *sautant de plus belle*. – Réviser ta grammaire ? Pour quoi faire, Julia? [...]
JULIA. – D'abord, Charlotte, l'année n'est pas finie... Il reste encore neuf jours... Et en plus, la grammaire, ça sert pour toute la vie, je le signale !
CHARLOTTE. – Arrête ! Quelle horreur ! Tu vas me faire rater mon triple saut croisé...

3 *Arrive Max, sifflotant, très sûr de lui, très « gros bras ».*
MAX. – Salut, les nains ! [...]
Hervé, *à Max*. – Dis donc, depuis que tu es au collège, tu te prends vraiment pour un caïd, Max !
MAX, *ton méprisant*. – Pfff ! Pas du tout ! Je me prends pour un type qui bosse au lieu de traîner à jouer au foot, c'est tout... Profitez-en, les petits amis... La belle vie, c'est bientôt fini...
JULIA, *anxieuse*. – C'est si dur que ça, la sixième ?
MAX. – C'est pas dur ! C'est hyper dur !
CHARLOTTE. – On travaille plus qu'en CM2 ?
MAX. – Attends, mais jour et nuit, on bosse !

4 Je travaille sur mon cahier « Chouette » d'expression écrite. Mes parents pensent / disent que j'en ai besoin. J'en suis au chapitre 3. Il traite du présent de l'indicatif.

5 1. L'eau gèle à zéro degré.
2. Un triangle isocèle a deux côtés égaux.

6 Voici une fin possible au sketch de Fanny Joly.
HERVÉ, *à Max*. – Jour et nuit, mais ce n'est pas possible ! Quand est-ce qu'on peut jouer aux jeux vidéo ?
MAX, *ton méprisant*. – Pfff ! Quand on est en sixième, on ne joue plus ni au foot ni aux jeux vidéo ! On a cours jusque tard le soir et quand on rentre, on fait ses devoirs, on n'a même pas le temps de goûter !
JULIA, *anxieuse*. – On n'a même pas le temps de goûter ?
MAX. – C'est ça, et pour le dîner on enfile un sandwich en continuant ses devoirs ! Je ne te parle même pas des nuits où on est obligés de lire tout ce que les profs nous indiquent !
JULIA. – T'es sûr que t'exagères pas un peu ?
La mère de Max arrive *là-dessus*.
LA MÈRE, *très en colère*. – Max ! Je veux que tu rentres tout de suite à la maison ! On vient de recevoir ton bulletin ! Tu redoubles ! Les profs notent qu'il faut que tu arrêtes le foot et les jeux vidéo !

4 Écrire sans faute   ## Employer le passé composé

1 La maîtresse nous a fait des tas et des tas de recommandations, elle nous a défendu de parler sans être interrogés, de rire sans sa permission, elle nous a demandé de ne pas laisser tomber des billes comme la dernière fois que l'inspecteur est venu et qu'il s'est retrouvé par terre, elle a demandé à Alceste de cesser de manger quand l'inspecteur serait là et elle a dit à Clotaire, qui est le dernier de la classe, de ne pas se faire remarquer.

2 1. La maîtresse est *entré* ❑ *entrée* ☒ en classe toute nerveuse. – 2. Nous on a *promi* ❑ *promis* ☒ *promit* ❑ qu'on se tiendrait bien. – 3. La maîtresse a *regardé* ☒ *regardée* ❑ pour voir si nous étions bien propres. – 4. L'inspecteur s'est *mis* ☒ *mit* ❑ à crier.

3 1. Agnan *a eu* tellement peur qu'il *a renversé* de l'encre partout sur le banc. – 2. On *s'est mis* au travail et ça *a été* une drôle d'affaire. – 3. L'inspecteur *est entré* avec le directeur. – 4. La maîtresse, elle *a fait* la tête de Clotaire quand on l'interroge, mais elle n'a pas *pleuré*.

4 L'inspecteur […] *a* beaucoup *ri*, mais comme il *a vu* que personne ne disait rien dans la classe, il *a remis* ses sourcils en place, il *a toussé* et il *a dit* : « Bon, assez ri, au travail. » « Nous étions en train d'étudier les fables, *a dit* la maîtresse, *Le Corbeau et le Renard*. » « Parfait, parfait, *a dit* l'inspecteur, eh bien, continuez. » La maîtresse *a fait* semblant de chercher au hasard dans la classe, et puis, elle *a montré* Agnan du doigt : « Vous, Agnan, récitez-nous la fable. » Mais l'inspecteur *a levé* la main. « Vous permettez ? » il *a dit* à la maîtresse, et puis, il *a montré* Clotaire. « Vous, là-bas, dans le fond, récitez-moi cette fable. » Clotaire *a ouvert* la bouche et il s'est *mis* à pleurer.

Écrire sans faute

Employer le passé simple et l'imparfai

1 *Accomplit : accomplir* ; 2e groupe – *délivra : délivrer* ; 1er groupe – *rendirent : rendre* ; 3e groupe.

2 À dix-huit ans, Hercule *accomplit* son premier exploit. Il *décida* de débarrasser la ville de Thespies du lion du Cithéron. Pour cela, il *s'installa* chez le roi Thespios. Au bout de cinquante jours, il *réussit* à tuer la bête.

3 1. Hercule *ramena* vivant le sanglier d'Érymanthe. 2. Il *captura* une biche d'une taille gigantesque. 3. Les oiseaux du lac Stymphale *ravagèrent* la région ; Eurysthée *demanda* alors à Hercule de les détruire.

4 Diomède *était* un roi de Thrace qui *détenait* des juments se nourrissant de chair humaine. Elles *étaient* quatre. Pour les calmer, Hercule leur *donna* Diomède en guise de repas. Dociles, les juments *suivirent* le dieu.

Était : imparfait, description – *détenait* : imparfait, description – *étaient* : imparfait, description – *donna* : passé simple, fait soudain – *suivirent* : passé simple, fait soudain.

5 Augias *avait* de son père de nombreux troupeaux, mais il ne *prenait* aucun soin des écuries et *laissait* le fumier s'entasser. Hercule *se chargea* alors de nettoyer les écuries. Le héros *réalisa* cet exploit en détournant le cours de deux fleuves.

6 Voici une proposition de corrigé.

Hercule *portait* une peau de lion afin de se protéger des morsures de l'hydre. Cette créature maléfique *agitait* violemment ses neuf têtes, cherchant à l'atteindre.
Le héros *se mit* alors à couper les têtes de l'hydre ; et, pour éviter qu'elles ne repoussent, il *brûla* aussitôt les blessures. Enfin, il *enfouit* la dernière tête, réputée invincible, dans la terre, et la *cacha* sous un rocher.

6

Écrire sans faute

Employer l'impératif présent

1 Ainsi, *préservez* l'environnement, *sensibilisez* les gens qui vous entourent aux éco-gestes ! Quand vous accompagnez vos enfants à l'école, *évitez* la voiture ! *Privilégions* la marche !

2 1. Ne *jette* pas… – 2. *Participez*… – 3. *Utilise*… – 4. Ne *recours* pas…

3 1. Réduis ta consommation d'eau. Par exemple, bouche l'évier pour faire une vaisselle à la main.
2. Fais des économies d'énergie : éteins la lumière quand tu quittes une pièce. (Tu dois aussi changer la personne du verbe *quitter*, qui est au présent.)
3. Sois attentif à l'environnement. Aie le bon geste écologique.

4

2ᵉ pers. du singulier	1ʳᵉ pers. du pluriel	2ᵉ pers. du pluriel
Attends-le !	Attendons-le !	Attendez-le !
Va-t'en !	Allons-nous en !	Allez-vous en !
Écoute-moi !	Écoutons-nous !	Écoutez-vous !
Dis-le !	Disons-le !	Dites-le !
Fais-le !	Faisons-le !	Faites-le !

5 – Où est passé Matthieu ?
– Il est allé à la conférence sur le climat organisée à la mairie. Ne l'attendons pas, cela risque de durer encore longtemps.
– Envoie-lui un message pour qu'il nous retrouve après.
– Bonne idée. Et maintenant, allons-y !
1. *attendons* : défense – **2.** *envoie* : conseil – **3.** *allons* : ordre

6 Voici un exemple de charte possible.

1. Ne jetons pas les feuilles dont le verso n'a pas été utilisé.
2. Trions nos déchets : ne mélangeons pas le verre, les papiers et les déchets ménagers.
3. Veillons à bien éteindre la lumière en quittant la salle de classe.
4. Ne gaspillons pas l'eau lorsque nous nous lavons les mains !
5. À la fin de l'année, conservons les stylos, les feuilles de classeur et les cahiers non usagés.

7 Écrire sans faute

Former des phrases complètes

1 Un secret caché par les grands arbres de la jungle du Guatemala, en Amérique centrale, a été découvert ! En effet, au mois de mars 2009, des archéologues ont trouvé de très vieilles sculptures créées par le peuple Maya : il s'agit d'un système de récolte des eaux de pluie. Ce système est décoré avec des frises, des motifs qui représentent les héros du Popol Vuh, livre sacré écrit par le peuple Maya. Ces fresques ont été sculptées dans une pierre appelée le stuc 300 ans avant notre ère. Elles mesurent 4 mètres de long sur 3 mètres de haut. Alors, les Mayas, à cette époque, simples paysans ? Non, puisqu'ils étaient déjà capables de produire des œuvres d'art !

2 1. Des dessins de Léonard de Vinci découverts au dos d'un tableau ! – 2. Le squelette d'un mammouth mort il y a 40 000 ans a été découvert à Los Angeles. – 3. Une tigresse et une truie ont échangé leurs petits dans un zoo en Thaïlande. – 4. Création d'un parc naturel sur l'île de Bornéo pour prendre soin des orangs-outans.

3 1. Cambriolage d'une banque. – 2. On a découvert un trésor en Égypte. – 3. Les chefs d'État français et américain se sont rencontrés à Washington. – 4. Conquête de l'Everest par des alpinistes français.

4 1. Les restes d'un serpent préhistorique ont été découverts en Colombie. → phrase simple
2. L'armée russe fabrique des armes gonflables | car elle veut tromper l'adversaire en faisant peur à moindre coût. → phrase complexe
3. Le rhinocéros de Java est le mammifère le plus rare du monde | puisque moins de 60 spécimens sont encore en vie actuellement. → phrase complexe

5 Voici une proposition de corrigé. Tu pouvais bien sûr inventer d'autres phrases !

1. Le 22 avril a lieu la « journée de la Terre », qui a été créée par le sénateur américain Gaylord Nelson.
2. Le « Nobel vert » est un prix décerné à ceux qui se battent pour préserver la planète afin que nos enfants puissent y vivre décemment.

6 **1.** À Paris, depuis quelques semaines, on constate une recrudescence de vols de sacs à main dans le métro. En effet, trois cents plaintes ont été enregistrées à ce sujet en vingt jours ! Ce phénomène pourrait s'expliquer par la négligence des touristes, nombreux en cette période de vacances.

2. Ce lundi, un homme âgé de 37 ans a escaladé la Tour Eiffel à mains nues. Il se préparait à cet exploit depuis des semaines. Un grand nombre de personnes est venu assister à l'évènement qui a été rendu difficile par de fortes rafales de vent. Mais à 16 h 34, notre « eiffeliste » a atteint le sommet sain et sauf !

8 — Écrire sans faute — Construire une question

1 **1.** Quelles ont été vos scènes préférées ? – **2.** Quel effet cela fait-il de devenir star en si peu de temps ? – **3.** Les chorégraphies sont-elles difficiles ? – **4.** Est-ce que vous vous entendez tous bien ?

2 **1.** Connais-tu Michael Jackson, le roi de la pop ? – Est-ce que tu connais Michael Jackson, le roi de la pop ? – Tu connais Michael Jackson, le roi de la pop ?
2. Est-il l'artiste qui a vendu le plus d'albums au monde ? – Est-ce qu'il est l'artiste qui a vendu le plus d'albums au monde ? – Il est l'artiste qui a vendu le plus d'albums au monde ?

3 **1.** Apprécies-tu les chansons de Beyoncé ? – Est-ce que tu apprécies les chansons de Beyoncé ? – Tu apprécies les chansons de Beyoncé ?
2. Penses-tu qu'une star puisse avoir du talent dans plusieurs domaines ? – Est-ce que tu penses qu'une star puisse avoir du talent dans plusieurs domaines ? – Tu penses qu'une star peut avoir du talent dans plusieurs domaines ?

4 **1.** Quelles sont tes stars préférées ? – **2.** Quels sont les styles de musique que tu écoutes ? – **3.** Quand vas-tu au concert de Justin Bieber ? – **4.** Pourquoi n'aimes-tu pas le rap ? – **5.** Comment trouves-tu l'album de Sliimy, *Paint your face* ?

5 Quand Sliimy a-t-il été repéré sur Internet grâce à sa reprise du tube « Womanizer » de Britney Spears ? – Qui a été repéré en 2008 sur Internet grâce à sa reprise du tube « Womanizer » de Britney Spears ? – Comment Sliimy a-t-il été repéré en 2008 ?

6 Voici des exemples de questions que tu pourrais poser à ta vedette préférée.

À quel âge as-tu décidé de devenir chanteur ? Quels sont les groupes de musique qui t'ont inspiré ? As-tu toujours cru que tu y arriverais ? Pourquoi portes-tu toujours une casquette ? Que penses-tu de tes fans ? Etc.

9 — Améliorer son expression — Employer le vocabulaire des émotions

1 **1.** Champ lexical de la joie : allégresse, heureux, enthousiasmer, extase.
2. Champ lexical de la peur : épouvante, effrayé, panique, appréhender.
3. Champ lexical de la tristesse : découragé, désarroi, désespoir, mélancolique.

2

Nuance positive	Nuance négative
ébahi, époustouflé, émerveillé, épaté	atterré, consterné, effaré, sidéré

3 1. L'assassin s'approcha de sa victime : ses yeux étaient injectés de sang, son visage était déformé par la colère. – 2. Lorsque ses hommes lui apprirent qu'ils avaient perdu la piste du criminel, le détective devint furieux. Sa rage explosa. – 3. Son exaspération fut à son comble lorsqu'il comprit que le criminel avait dérobé une arme. Dans son emportement, il tapa violemment sur la table.

4

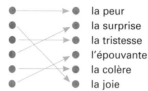

sursauter ●———————● la peur
rayonner ● ●———● la surprise
sangloter ● ●———● la tristesse
tomber des nues ● ●———● l'épouvante
sortir de ses gonds ● ●———● la colère
être pétrifié ● ● la joie

5 Un cri perçant glaça mon cœur. Tremblant comme une feuille, je me retournai pour voir ce qui se passait. Un monstre épouvantable me fixait intensément. Pétrifié, je sentais une boule dans ma gorge. J'avais la chair de poule et des sueurs froides me coulaient dans le dos. Mes yeux trahissaient la panique. Tout à coup, la chose monstrueuse s'approcha. Je blêmis de peur.

6 Voici une proposition de corrigé.

Je me sentais glacé par l'effroi. Des sueurs froides me parcoururent le dos. L'épouvante devait se lire sur mon visage. Comment un tel acte avait-il été commis ? En prononçant cette question à voix haute, je fus saisi d'un tremblement nerveux. J'éprouvais un sentiment de honte à ne pouvoir contrôler mes émotions, mais je vis qu'Holmes lui-même, qui examinait ce spectacle monstrueux, semblait très choqué…

 Améliorer son expression

Bien utiliser les pronoms

1 Voilà le domaine dont Gilgamesh est le maître. Il (Gilgamesh) le (le domaine) gère, le (le domaine) dirige à sa guise, le (le domaine) plie à sa volonté et ne rend compte de ses actes qu'aux dieux, les véritables propriétaires. Ils (les dieux) sont deux à se partager la vie et à la (la vie) protéger. Anou, le plus grand de tous, et Ishtar, la Dame-du-Ciel, qui règne sur l'amour et aussi sur la guerre. Pourtant, malgré cette protection, Ourouk ne connaît pas la paix car Gilgamesh ne lui (Ourouk) laisse aucun répit.

2 1. Ea et Arourou sont des dieux. Ce sont elles ❑ eux ☒ lui ❑ qui ont créé Enkidou. – 2. Gilgamesh aperçoit Enkidou. Méfiant, il l' ☒ la ❑ lui ❑ observe du coin de l'œil. – 3. Gilgamesh sent monter le désir de se mesurer à le ❑ lui ☒, de l' ☒ le ❑ affronter, et il élabore déjà un plan pour la ❑ le ☒ lui ❑ vaincre. – 4. Gilgamesh appelle la déesse Ninsouna, et se confie à lui ❑ elle ☒.

3 – C'est un être, dit-il, qui marche sur ses jambes, ressemble à un homme et vit parmi les bêtes. Berger des gazelles, il ne les quitte jamais. Il conduit celles-ci aux points d'eau, les protège des lions qu'il chasse à mains nues, se perche dans un arbre pendant qu'elles broutent, les soulage de leur lait en les tétant à la mamelle. Ses cheveux […] pendent en nattes grossières dans son dos et lui battent les fesses.

4 Le plan de Gilgamesh est simple. L'être est sauvage. Ce qu'il sait de la vie, c'est la steppe qui le lui a appris. Sa force, il la puise dans la nature, rude comme lui.
Pour l'affaiblir, il faut donc le couper de sa source et, pour cela, lui faire entendre les battements de son cœur, l'attirer vers une nouvelle vie.

5 Voici la suite du combat telle qu'elle est racontée dans l'épopée de Gilgamesh.
Alors, la foule entre dans la bagarre à son tour, [elle] s'exclame […] :
« Enkidou !… Enkidou !… […] Tue-le ! »
Les deux hommes n'entendent pas. […] On les suit de loin, au mouvement des clameurs qui les accompagnent […].
Alors, [Gilgamesh] s'emporte. […] Il veut hâter la fin du combat, [mais il] s'immobilise soudain, les pieds au sol, maintenu par Enkidou. La foule n'en revient pas. […] Enkidou entend la furie tout autour. […] Le doute, peu à peu, desserre [son] étreinte. Gilgamesh sent qu'il renonce. […] D'un mouvement vif, il se dégage, puis saisit le poignet d'Enkidou […] :
« J'ai trouvé mon semblable ! lance-t-il par bravade au peuple qui l'a hué. Le voici ! C'est Enkidou, le Lion de la steppe ! »

Corrigés

Éviter une répétition à l'aide d'un nom ou d'un GN

1 Aladdin vit dans la misère. Il découvre un jour une lampe merveilleuse dans une grotte. En la nettoyant, sa mère fait surgir un génie. Celui-ci lui propose de lui exaucer trois vœux.

2 a.

pâtisserie ● → ● vêtement
conte ● → ● édifice
princesse ● → ● pierre précieuse
émeraude ● → ● femme
tunique ● → ● récit
palais ● → ● dessert

b. 1. La princesse Jasmine aime beaucoup les émeraudes. La couleur verte de ces pierres précieuses la ravit. – **2.** J'ai lu le conte Sindbad le marin. C'est un récit passionnant. – **3.** Aladdin aperçut le palais du vizir. L'édifice, somptueux, se dressait en haut de la colline.

3 a. Le pronom il et le GN ce prince irrité évitent la répétition de « Schahriar ».
b. Le GN la sultane évite la répétition de « femme ».
c. Le GN ce ministre évite la répétition de « grand vizir ».

4 la demeure royale → le palais ; le pays du Levant → l'Orient ; le jeune homme à la lampe magique → Aladdin ; le séjour des ombres → la mort ; l'astre de la nuit → la lune

5 Schahriar décide de se venger de sa femme qui l'a trahi. Pour cela, il prend la résolution de changer d'épouse chaque nuit. Chacune de ces malheureuses princesses sera tuée le lendemain. Seule Schéhérazade échappe à la mort. Elle a le pouvoir de raconter des histoires et se sert de ce don pour se soustraire à la condamnation fatale.

Apporter des précisions à l'aide d'adjectifs

1 1. Le terrible roi Polydectès usa d'un habile stratagème pour éloigner le jeune Persée de sa magnifique mère Danaé. – **2.** Il demanda au courageux Persée d'aller couper la tête de l'horrible Méduse. – **3.** Méduse était une créature malfaisante qui, d'un simple regard, pouvait changer les hommes en pierre.

2 La divine Athéna détestait la terrible Méduse. Elle aida donc le jeune Persée dans sa périlleuse mission. Elle l'arma et le guida vers un champ isolé où se trouvaient les Gorgones endormies. D'un seul coup de sa serpe acérée, Persée coupa la tête de Méduse.

5 Arrivé en Éthiopie, le valeureux **Persée** découvre une jeune **fille** éblouissante de beauté, Andromède. Elle doit être livrée en sacrifice à un **monstre** marin, à cause des **paroles** imprudentes de sa mère. Aidé de son **épée** magique, Persée la libère, avant de l'épouser. Il regagne ensuite sa **cité** natale, Argos.

3 1. Pégase s'envola grâce à ses ailes légères. – **2.** Persée est un héros victorieux qui a tué la Gorgone. – **3.** La Gorgone habitait une région lointaine. – **4.** Le monstre marin, sur ordre de Poséidon, dieu de la mer, infligeait des châtiments cruels aux habitants.

4

Caractéristiques physiques	Caractéristiques morales
blond, élancé, joufflu, longiligne, maigre	confiante, indécise, indiscret, méfiant, optimiste

6 À droite, Persée soutient de sa main droite le bras gauche d'Andromède. À gauche se tient Andromède, debout sur une énorme pierre. Andromède est vêtue d'une robe jaune et verte, comportant de nombreux drapés. Persée tient dans sa main gauche l'hideuse tête de Méduse, qu'il a décapitée.

7

Apporter des précisions sur les circonstances de l'action

1 Un matin de vacances, Delphine et Marinette s'installèrent dans le pré, derrière la ferme, avec leurs boîtes de peinture. Les boîtes étaient toutes neuves. C'était leur oncle Alfred qui les leur avait apportées la veille pour récompenser Marinette d'avoir sept ans.

2 Le soir de ce même jour, Delphine, Marinette, les parents et toutes les bêtes de la ferme formèrent un grand cercle dans la cour. Au milieu du cercle, Alphonse était assis sur un tabouret. Sans se presser, il fit [...] sa toilette et, le moment venu, passa plus de cinquante fois sa patte derrière l'oreille. Le lendemain matin, après vingt-cinq jours de sécheresse, il tombait une bonne pluie [...]. Dans le jardin, dans les champs et dans les prés, tout se mit à pousser et à reverdir.

(Attention, « derrière l'oreille » est un complément essentiel de lieu : sans lui, le verbe *passa* perd tout son sens.)

3 **1.** Tous les matins, Delphine et Marinette jouent dans le jardin. – **2.** Les parents travaillent aux champs du matin jusqu'au soir. – **3.** À la tombée de la nuit, sur le rebord de la fenêtre, le chat guettait une souris.

4 **1.** Puisque vous le prenez sur ce ton-là, dit le chat, j'aime mieux m'en aller. – **2.** Il pleuvra demain à ne pas mettre un chien dehors. – **3.** Dans un moment où leur colère tournait à l'exaspération, ils tombèrent sur le chat, l'un à coups de balai, l'autre à coups de sabot, en le traitant d'inutile et de fainéant. – **4.** Non, non ! répondaient les parents avec des voix d'ogres, pas de pitié pour les mauvais chats !

5 **1.** Quand la cloche sonna, Delphine et Marinette se précipitèrent hors de l'école pour aller retrouver les animaux de la ferme. – **2.** Delphine s'appliquait avec un crayon de couleur à faire le portrait du chat qui se trouvait sur le toit. – **3.** Depuis la fenêtre, on pouvait apercevoir Marinette qui se balançait gaiement. – **4.** Elles tiraient sur la queue du cochon avec acharnement, espérant ainsi qu'elle deviendrait droite et raide comme celle du chien.

6 Voici des exemples de compléments circonstanciels que tu peux utiliser.

CC de lieu : *dans l'écurie, tout autour de la Terre...* ; CC de temps : *la semaine suivante, au bout d'un an, une nuit de pleine lune...* ; CC de manière : *avec enthousiasme, d'un ton rêveur...* ; CC de moyen : *avec une montgolfière, à l'aide d'une carte...*

Organiser un texte avec des paragraphes

1 Narcisse fut pleuré par les nymphes des sources et des arbres. Écho reprenait leurs plaintes. / [Les divinités] déposèrent leurs cheveux coupés sur sa tombe et commencèrent les préparatifs du deuil. Elles dressèrent le bûcher, secouèrent les torches, préparèrent la civière sur laquelle déposer le corps. / Mais le corps avait disparu. À sa place avait poussé une fleur, jaune, couleur de safran, d'où rayonnent des pétales blancs. Un narcisse.

2 **1.** : Création de la terre et des éléments.
2. : Naissance des Titans et des dieux.
3. : Création du premier homme par Prométhée.

3

	Paragraphe 1	Paragraphe 2	Paragraphe 3	Paragraphe 4
Idée développée	Disparition d'Io.	Transition qui introduit l'histoire.	Jupiter aperçoit Io.	Jupiter offre son cœur à Io.
Mots de liaison ou marques…	*à ce moment*	*or*	*un beau jour d'été*	les guillemets

4
En ce temps-là, Écho avait un corps.

Dès qu'elle voit Narcisse, elle en tombe éperdument amoureuse, et se lance à sa poursuite.

Mais, au moment où elle lui parle, le jeune homme la fuit, tout amoureux qu'il est de son propre reflet.

Méprisée, la nymphe se réfugie alors dans la forêt. Sa peau, si lisse auparavant, se dessèche ; la sève qui l'animait jadis se tarit.

Désormais, seul un son subsiste d'elle.

5 Voici une proposition de corrigé.

Il y a quelques mois encore, j'étais un humain.

Mais un beau jour, en me levant, je me suis senti beaucoup plus léger que d'habitude.

Soudain, dans le miroir, je vis mes cheveux se changer en duvet. Sur ma peau habituellement lisse, apparurent des plumes colorées.

Mon nez rejoignit bientôt mes lèvres pour former un bec cornu.

Mes yeux, jusqu'alors grands et expressifs, rétrécirent et s'arrondirent jusqu'à former de petites billes vertes.

Lorsque je voulus crier, j'émis un piaillement : ma métamorphose était achevée.

(15) Améliorer son expression
Rédiger des réponses à des questions sur un texte

1 a. 1. Associe chaque mot à sa définition. – 2. Relève les synonymes du mot *combat*. – 3. Indique comment le narrateur traduit la colère du personnage. – 4. Détermine le niveau de langage employé dans cet extrait. Justifie ta réponse.
b. 2

2 1. Comment ❑ À qui ☒ le capitaine Nemo s'adresse-t-il ? – 2. Pourquoi ❑ Est-ce que ☒ le capitaine Nemo a l'intention de tuer le professeur Aronnax ? – 3. Grâce à qui ❑ Comment ☒ l'équipage vient-il à bout des poulpes géants ? – 4. Quand ❑ Pourquoi ☒ le capitaine Nemo s'est-il retiré dans son sous-marin ?

3 1. Lord Glenarvan, sa jeune femme, Lady Helena, le major Mac Nabbs, le capitaine et les hommes d'équipage se trouvent à bord du *Duncan*. – 2. Le capitaine Mangles aperçoit un énorme poisson, appelé « requin-marteau ». – 3. Le capitaine pense que la pêche aux requins permet d'exterminer de terribles bêtes, qu'il s'agit à la fois d'un spectacle émouvant et d'une bonne action.

4 Le mot « émerillon » désigne un gros hameçon utilisé pour la pêche aux requins. – Le mot « désappointé » est un synonyme de « déçu ». Le mot « viscères » signifie « les intestins ».

1. Après avoir satisfait leur vengeance, les marins décident d'éventrer le poisson par « curiosité », et aussi parce que la coutume le veut (« il est d'usage à bord de tout navire de visiter soigneusement l'estomac du requin »).

– 2. Les termes qui montrent la violence de cette scène sont : « éventré », « à coups de hache », « sans plus de cérémonies ». – 3. Les marins sont déçus car l'estomac du poisson se révèle « vide ». – 4. Les marins aperçoivent « un objet grossier », ce qui va relancer l'intérêt de l'assemblée pour le requin.

16 ## Utiliser le bon niveau de langue

1 Mon père enseigne la littérature et la langue française.

Papa, il est prof de français.

Mon père est professeur de français.

● familier
● courant
● soutenu

2

	Courant	Soutenu	Familier
Groupe 1	chez moi	à mon domicile	à la baraque
Groupe 2	fatigué	harassé	crevé
Groupe 3	en avoir assez	se lasser	en avoir marre
Groupe 4	s'habiller	se vêtir	se fringuer

3 1. un enfant – un gosse – un môme – un moutard
2. se hâter – se presser – se magner – faire diligence
3. gronder – disputer – réprimander – engueuler
4. le blé – l'argent – la thune – le pognon

4 1. Le repas était trop bon ! – 2. Je ne peux plus supporter mon frère. – 3. Est-ce que je peux voir ton bulletin ? – 4. Je vous prie d'excuser l'absence de mon fils ; un mal de ventre l'oblige à garder le lit.

5 L'autre jour, […] en sciant du bois, je me suis coupé le pouce très profondément. J'ai couru trouver papa qui lisait dans le salon.
– Papa, papa ! Va vite chercher un pansement, je saigne beaucoup ! ai-je hurlé en tendant mon doigt blessé.
(*Silence du père*)
– Papa, ai-je [repris], je me suis coupé et ça saigne vraiment beaucoup.
– Ah, je comprends mieux, a déclaré papa.
– Mais dépêche-toi, ça fait très mal ! ai-je dit, n'y tenant plus. […]
– Montre-moi ta blessure.
Il a baissé son livre et m'a aperçu, grimaçant de douleur et serrant mon pouce sanguinolent.
– Mais tu es fou ? a-t-il hurlé, furieux. Il faut que tu sortes tout de suite : tu saignes énormément. Tu as complètement sali la moquette. Va vite dans la salle de bains. Je ne veux plus voir ça.

17 ## Raconter une expérience personnelle

1 a. L'ordre des phrases est : 4 – 1 – 3 – 2.

b. L'événement marquant de ce récit est la prise d'une énorme carpe.

2

Indications de lieu et de temps	cet été ; dans le Sud ; pendant quinze jours ; la première fois ; en pleine nature.
Expériences vécues	passer des vacances en pleine nature pour la première fois ; repérer les sentiers balisés ; observer les animaux ; respecter la nature ; monter une tente.

3 **Sentiments positifs :** épaté – hilare – ravir – savourer
Sentiments négatifs : courroucé – déconcerté – pétrifier – répugner à

4 a. Aux dernières vacances, on m'a invité à faire de l'escalade dans la forêt de Fontainebleau. Au début, cette proposition m'a rebuté. Comment ne pas être ridicule ? J'avais beaucoup d'appréhension car je n'avais jamais pratiqué ce sport. Heureusement, un moniteur nous a expliqué comment il fallait s'y prendre. Dès le premier rocher, une joie délicieuse m'a envahi. Je ne me suis arrêté qu'au sommet et là, j'ai éprouvé une extrême fierté !

b. Comment ne pas être ridicule ? – Je ne me suis arrêté qu'au sommet et là, j'ai éprouvé une extrême fierté !

18 Rédiger un texte

Faire un compte-rendu de visite

1

De quoi s'agit-il ?	Quand ? Où ?	Qui ?	Dans quel but ?
Sortie de classe au Palais de la découverte.	Le 18 octobre 2010, au Palais de la découverte à Paris.	Les classes de 6ᵉ A et B avec les professeurs de SVT.	Visiter l'exposition sur le corps humain.

2 L'ordre des phrases est : 5 – 6 – 4 – 3 – 1 – 2.

3 Nous avons commencé la journée par la visite de la chambre du roi, située au milieu du bâtiment central. Puis, en fin de matinée, nous avons découvert l'impressionnante galerie des Glaces, qui s'étend sur 73 mètres. L'après-midi, après avoir visité la chapelle du roi, qui fut construite entre 1689 et 1710, nous nous sommes rendus dans les magnifiques jardins du château, conçus par André Le Nôtre. Ils étaient parfaitement entretenus. Puis nous avons marché jusqu'au Grand Trianon, un palais qui fut commandé par Louis XIV pour fuir la cour.

4 Les deux intérêts que l'élève fait ressortir de la visite sont : la découverte des images virtuelles, et du fait qu'elles sont issues de l'informatique et du graphisme.

19 Rédiger un texte

Décrire une image

1 **a. 1.** L'auteur de l'image est Jean-Baptiste Oudry.
2. Le titre de l'image est « *Le Corbeau et le Renard*, illustration pour les *Fables* de La Fontaine ».
3. Elle a été réalisée entre 1729 et 1734.
4. Il s'agit d'une gravure.
b. La gravure, intitulée « *Le Corbeau et le Renard*, illustration pour les *Fables* de La Fontaine », a été réalisée par Jean-Baptiste Oudry entre 1729 et 1734.

2 **1.** Le corbeau se trouve sur une branche. Le bec grand ouvert, il est en train de chanter à tue-tête. Il regarde droit devant lui, sans prêter attention au fromage qu'il vient de lâcher.
Le renard est couché sur l'herbe ; il convoite le fromage dont il observe la chute avec malice, comme le montre son regard. Sa gueule entrouverte et ses yeux rivés sur le fromage expriment son impatience et sa voracité.
2. Le corbeau est personnifié par trois objets : le chapeau, le costume et le parapluie... et même quatre, si l'on compte le fromage !
3. « Et pour montrer sa belle voix/ Il ouvre un large bec, laisse tomber sa proie. »
4. Dans la gravure d'Oudry, le renard est en train de flatter le corbeau par de belles paroles. Courbant l'échine, il tente de donner une image pacifique, voire soumise, pour mieux amadouer le corbeau par ses mensonges. Chez Lorioux, le renard se prépare à récupérer le fromage que le corbeau a laissé s'échapper ; il est redevenu lui-même.
5. Dans la gravure d'Oudry, ce sont les neuf premiers vers de la fable qui sont illustrés.
6. Dans l'illustration de Lorioux, les couleurs vives donnent un aspect très réaliste à la scène. Le fromage, bien mis en valeur par la couleur jaune, se détache plus particulièrement, puisqu'il est l'enjeu de la fable. Les deux animaux sont mis en contraste : le noir pour le corbeau, le roux pour le renard.
7. L'image de Lorioux utilise l'humour, notamment à travers la personnification du corbeau qui renvoie à un animal très civilisé (il porte un costume, un chapeau et un parapluie comme un homme établi), alors que le renard est représenté dans toute sa nature sauvage. Le renversement final de la situation ajoute à l'effet comique : le corbeau civilisé se fait piéger par un animal sauvage, mais plus intelligent, qui sait tirer parti de son orgueil. L'attitude des personnages est elle aussi humoristique : le corbeau est croqué en mauvais chanteur, et le renard est tout entier dans l'attente (on le voit à son regard et à sa gueule ouverte).

Corrigés

20 Rédiger un texte

Raconter un épisode épique

1 Sur la plaine, les deux adversaires s'observent attentivement. Soudain, le combat s'engage. Énée et son ennemi se livrent aussitôt un combat sans merci. Mais voilà que, ayant perdu son arme, l'adversaire d'Énée prend la fuite. Le grand Énée le rattrape finalement et brandit alors son arme fatale. Blessé à mort, l'ennemi tombe à terre. Le glorieux Énée brandit son épée en signe de victoire.

2 **a.** Turnus lance son javelot contre son adversaire. Le vaillant Pallas l'évite de justesse : il se rue alors sur son ennemi et lui assène un coup d'une extrême violence. Mais Turnus tient bon et, profitant d'un instant d'inattention de Pallas, lui porte un coup mortel.

b. La version au présent est meilleure car l'action est rendue de manière plus vivante.

3 Un héros épique fait preuve de qualités exceptionnelles. Il accomplit des prouesses. Il reste toujours fidèle à sa parole : il est loyal. Capable de combattre pendant des heures, il est très endurant. Intrépide, il n'hésite pas à se lancer dans des entreprises périlleuses. Pour piéger l'ennemi, il doit souvent faire preuve d'ingéniosité. Sa vaillance est sans égale. Les dieux le rendent invincible.

4

Préparation au combat	Poursuite
remplir son carquois de flèches – revêtir son armure	s'élancer – bondir – se ruer vers
Maniement des armes	**Mise à mort**
décocher une flèche – lancer un javelot – tirer son glaive acéré	blesser à mort – assener un coup fatal – tenir l'ennemi à sa merci

5 Voici une proposition de corrigé.

Turnus et Énée se rencontrent enfin en combat singulier. C'est le moment décisif où chacun doit faire preuve de sa bravoure en réalisant de véritables prouesses. Après avoir rempli leur carquois de flèches, vérifié le tranchant de leur épée et revêtu leur armure, les deux héros engagent le combat. Semblables à des lions, ils se ruent l'un sur l'autre. Ils esquivent avec une habileté parfaite les coups mortels.

Mais voilà que le grand Énée est en difficulté : son adversaire a décoché une flèche qui l'a atteint à la cheville. Pour autant, celui-ci ne s'apitoie pas sur son sort. Négligeant sa blessure, il redouble de rage et lance son javelot contre son fourbe ennemi. Déstabilisé, Turnus s'écroule : il est à la merci d'Énée le magnanime.

21 Rédiger un texte

Imaginer un conte

1
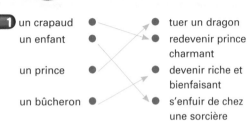

3 **1. un anneau :** Il suffit de le glisser à son doigt pour devenir invisible. – **2. un tabouret :** En l'enfourchant, on peut se déplacer aussi vite qu'un avion. – **3. une lampe :** Cette lampe de poche transforme tout ce qu'elle éclaire en or.

2

Personnage	Épreuve	Opposant	Adjuvant
Une princesse cherche un prince charmant.	Elle doit parvenir à se faire aimer malgré le sort de laideur que lui a jeté une sorcière.	Un corbeau envoyé par la sorcière la suit partout et ruine toutes ses tentatives de séduction.	Une de ses amies princesses imagine un stratagème permettant d'éloigner le corbeau.
Un enfant cherche son frère enlevé par un dragon.	Il doit trouver l'épée magique qui, seule, peut venir à bout du dragon.	Le méchant roi qui possède l'épée refuse de la céder à quiconque.	La femme du roi dérobe en cachette l'épée à son mari et la remet à l'enfant.
Un vieil homme cherche une eau qui rend jeune.	Il doit prouver la pureté de ses intentions pour la découvrir.	Un chevalier orgueilleux et égoïste est lui aussi à la recherche de cette eau.	Une fée déguisée en vieille dame assiste le vieillard dans sa quête.

4 L'ordre des phrases est : 3 – 5 – 1 – 4 – 2.

5 Voici un exemple dont tu peux t'inspirer.

a. 1. un héros : un jeune garçon d'aujourd'hui. – **2.** une mission et des épreuves à surmonter : faire en sorte que tous les enfants de la Terre aient un cadeau au prochain Noël ; lutter contre les manœuvres de l'anti-père Noël pour faire échouer son plan – **3.** d'autres personnages : l'anti-père Noël (opposant) ; le grand-père du garçon (adjuvant) – **4.** les lieux où ton conte se déroulera : dans la maison du jeune garçon – **5.** des éléments merveilleux : un ordinateur qui lui permet d'organiser la distribution des cadeaux à une échelle mondiale – **6.** la découverte finale du héros : faire plaisir rend heureux.

Rédiger un texte

Concevoir une situation initiale

1 Voici une proposition de corrigé.

Il était une fois, il y a bien longtemps, un prince qui vivait dans un château se situant au cœur d'une forêt extrêmement sombre. Ce prince était très malheureux car il désirait se marier, mais jamais personne ne se hasardait à traverser la forêt où il habitait, et surtout pas une princesse.

2

Nom du héros, âge	Aspect physique
Le prince Arthur de Belle-Sylve, âgé de 20 ans.	Très beau : brun, aux yeux verts, mince et grand.
Situation au début	**Situation à la fin**
Le prince est malheureux car il n'est pas marié et souhaiterait l'être.	Le prince est heureux : il s'est finalement marié.

3 a. Les adjectifs pouvant caractériser le héros que nous proposons sont : beau, généreux et riche. Ton héros peut avoir d'autres qualités ! Mais veille à ce qu'il n'ait pas trop de défauts…

b. 1. Le prince peut être qualifié de beau car tous ceux qui le voient admirent sa beauté. – **2.** Le prince est généreux car il n'hésite jamais à se défaire de ce qu'il possède pour rendre service à des personnes dans le besoin. – **3.** Le prince est riche car il possède beaucoup d'or et un château magnifique.

4 Ce matin-là, quand je me suis réveillé(e), je n'étais plus tout à fait moi-même, puisque j'étais devenu(e) un des nains qui ont recueilli Blanche-Neige. J'étais tout petit et vêtu d'une drôle de façon : je portais un pantalon vert, une chemise jaune et un long bonnet de couleur bleue. Mon nez ressemblait un peu à une trompette et je ne cessais d'éternuer : Atchoum ! Atchoum !

23 Rédiger un texte

Insérer un dialogue dans un récit

1 Cependant Barbe-Bleue, tenant un grand coutelas à la main, criait de toute sa force à sa femme :
« Descends vite, ou je monterai là-haut.
– Encore un moment, s'il vous plaît, lui répondit sa femme.
Et puis elle criait :
– Anne, ma sœur Anne, ne vois-tu rien venir ?
– Je vois, répondit la sœur Anne, une grosse poussière qui vient de ce côté-ci.
– Sont-ce mes frères ?
– Hélas, non, ma sœur, c'est un troupeau de moutons.
– Ne veux-tu pas descendre ? criait Barbe-Bleue.
– Encore un moment, répondait sa femme. »

2 « Ne passe pas minuit, recommanda la marraine de Cendrillon, car si tu demeures au bal un moment de plus, ton carrosse redeviendra citrouille, tes chevaux des souris, tes laquais des lézards, et tes vieux habits reprendront leur première forme.
– Je ne manquerai pas de sortir du bal avant minuit », promit Cendrillon.

3 Voici une proposition de corrigé.

Après les avoir délivrées, le chasseur leur dit :
« Je suis bien content de vous trouver saines et sauves !

– Et moi, je suis bien contente que vous soyez arrivé à temps ! J'étouffais dans le ventre du loup ! dit le Petit Chaperon rouge.
– Et moi aussi ! ajouta la grand-mère.
– Maintenant, ce vilain loup ne fera plus de mal à personne avec toutes les pierres que je lui ai mises dans le ventre, les rassura le chasseur.
– Vous êtes très ingénieux, lui dit la grand-mère.
– Et c'est bien fait pour le loup ! » conclut le Petit Chaperon rouge.

4 « Et si on faisait un tournoi ? suggéra joyeusement le premier prince.
– Oh ! non, répliqua le deuxième, à trois ce n'est pas drôle !
– Dans ce cas, que proposes-tu ? demanda le troisième.
– On pourrait aller attaquer un dragon ? se hasarda timidement à répondre le deuxième.
– Tu plaisantes, rétorqua le premier en haussant les épaules, on les a déjà tous tués !
– Eh bien, moi, je propose d'aller rendre visite à une princesse, déclara le troisième avec assurance.
– Quelle bonne idée ! » approuvèrent les deux autres princes.

24 Rédiger un texte

Écrire la fin d'un conte

1. 1. Un pauvre bûcheron se dit qu'il va devoir abandonner ses enfants.

2. Le petit garçon a trouvé un ami pour la vie.

3. Le corbeau a compris que son amour était impossible et il se marie avec une femelle de son espèce avec laquelle il est très heureux et il a beaucoup d'enfants.

2 L'élément de résolution est l'explosion du dragon (« DRAGON EXPLOSE »).

La situation finale est le mariage de la princesse avec le facteur (« PRINCESSE ÉPOUSE FACTEUR – HEUREUX – FAMILLE NOMBREUSE – RÉDUCTION SNCF »).

Élément de résolution rédigé : Tout content d'avoir reçu une lettre, le dragon s'empressa de l'ouvrir sans se douter qu'elle était piégée. Il explosa aussitôt.

Situation finale rédigée : La princesse épousa le facteur qui l'avait délivrée. Ils vécurent très heureux, eurent beaucoup d'enfants et leur carte de famille nombreuse leur donna droit à des réductions à la SNCF !

3 Voici une proposition de corrigé.

La jeune femme l'avala d'un trait. En sortant de chez l'enchanteresse, elle vit un crapaud qu'elle eut – elle ne savait pourquoi ! – très envie d'embrasser. À peine eut-elle donné un baiser à l'hideuse créature, que celle-ci se changea en un magnifique jeune homme qui lui demanda immédiatement sa main, sans même l'avoir remerciée. Elle accepta, bien évidemment. Tous deux vécurent heureux… et eurent un nombre raisonnable d'enfants.

4 Voici une proposition de corrigé.

Grâce au turbot, le pêcheur et sa femme devinrent riches et déménagèrent dans un grand palais. Mais chaque vendredi, ils ne manquèrent jamais de venir saluer le turbot, ainsi qu'il le leur avait demandé.

5

« La Barbe-Bleue » ● — Faire confiance à quelqu'un peut amener richesse et bonheur.

« Le Petit Poucet » ● — Être trop curieux peut s'avérer très dangereux.

« Le Chat botté » ● — Le plus petit est parfois le plus malin.

6 Voici quelques exemples possibles.

1. Il faut toujours obéir à ses parents.

2. Il ne faut jamais désespérer de voir son sort s'améliorer.

3. Les apparences peuvent être trompeuses.

25 Rédiger un texte

Écrire une fable

1
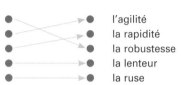

le chêne ● — ● l'agilité
le singe ● — ● la rapidité
le lièvre ● — ● la robustesse
la tortue ● — ● la lenteur
le chat ● — ● la ruse

2 1. Un éléphant prisonnier dans un filet avec une souris, se flatte de sa supériorité physique et de sa prochaine évasion, tandis que le rongeur, pendant ce long discours, s'échappe sans bruit… – **2.** Un homme, en lutte avec une panthère, se fait duper par cette dernière qui, feignant la mort, se retourne contre lui et le tue. – **3.** Un ver de terre, menacé par un aigle désirant le manger, lui explique que ce serait s'humilier que de convoiter une proie aussi misérable que lui, et qu'un mouton serait une proie bien plus digne !

3

Personnage	Défaut	Caractéristiques humaines
la fleur	la peur	un regard mal assuré – une voix hésitante
le renard	la ruse	une voix mielleuse – un regard sournois – un sourire hypocrite – des yeux fuyants
le vent	l'orgueil	une attitude hautaine – une voix méprisante

4 Les trois morales peuvent convenir.

5 La morale de ces deux situations pourrait être : « On a toujours besoin d'un plus petit que soi » ou « Il ne faut pas se fier aux apparences ».

6 La morale « On a souvent besoin d'un plus petit que soi » est extraite de la fable « Le Lion et le Rat » de Jean de La Fontaine dont voici un extrait.

Quelqu'un aurait-il jamais cru
Qu'un Lion d'un Rat eût affaire ?
Cependant il advint qu'au sortir des forêts
Ce Lion fut pris dans des rets,
Dont ses rugissements ne le purent défaire.
Sire Rat accourut, et fit tant par ses dents
Qu'une maille rongée emporta tout l'ouvrage.

26 Utiliser un logiciel de traitement de texte

Saisir un texte

1 Un père avait deux fils. Le premier était réfléchi et intelligent. Il savait se tirer de toute aventure. Le cadet en revanche était sot, incapable de comprendre et d'apprendre et, quand les gens le voyaient, ils disaient : « Avec lui, son père n'a pas fini d'en voir. »

2 Attendre quelque temps pour avoir un époux,
Riche, bien fait, galant et doux,
La chose est bien naturelle,
Mais l'attendre cent ans, et toujours en dormant,
On ne trouve plus de femelle,
Qui dormît si tranquillement.

27 Utiliser un logiciel de traitement de texte

Améliorer la présentation

3 Il y a plus de 5 000 ans, la civilisation égyptienne a commencé à se développer autour du Nil. C'est le plus long fleuve du monde.
Tous les ans, le Nil déborde et dépose des éléments fertiles sur ses berges, où se développent des papyrus et des lotus. En 1964, la construction du barrage d'Assouan a mis fin à ces crues.
Sans le Nil, l'Egypte ne serait donc qu'un désert, et la civilisation égyptienne n'aurait certainement pas pu se développer.

Rédiger la réponse

● Lorsque tu rédiges une réponse, tu construis une **phrase complète** en reprenant certains mots essentiels de la question.
Question : *À quel genre appartient ce livre de Jules Verne ?*
Réponse : *Ce livre de Jules Verne appartient au roman d'aventures.*

● Pour **justifier** une réponse, tu dois citer des **éléments du texte** qui la valident.
La voracité du requin est montrée par les expressions « enflammé par la convoitise »,
« le plus vorace échantillon de la race des squales ».
Tu peux aussi utiliser des connecteurs de cause : *car, parce que, comme...*

3 **Rédige les réponses aux questions suivantes à partir des éléments proposés entre parenthèses.**

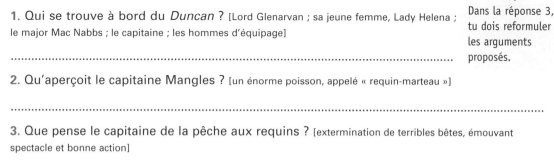

1. Qui se trouve à bord du *Duncan* ? [Lord Glenarvan ; sa jeune femme, Lady Helena ; le major Mac Nabbs ; le capitaine ; les hommes d'équipage]

Dans la réponse 3, tu dois reformuler les arguments proposés.

....

2. Qu'aperçoit le capitaine Mangles ? [un énorme poisson, appelé « requin-marteau »]

....

3. Que pense le capitaine de la pêche aux requins ? [extermination de terribles bêtes, émouvant spectacle et bonne action]

....

4 **À toi de jouer. Lis le texte, puis réponds aux questions sur ton cahier de rédaction.**

La pêche était terminée [...] ; la vengeance des marins [était] satisfaite, mais non leur curiosité. En effet, il est d'usage à bord de tout navire de visiter soigneusement l'estomac du requin. [...] Bientôt l'énorme poisson fut éventré à coups de hache, et sans plus de cérémonies. L'émerillon avait pénétré jusque dans l'estomac, qui se trouva absolument vide ; [...] les marins désappointés allaient en jeter les débris à la mer, quand leur attention [...] fut attirée par un objet grossier, solidement engagé dans l'un des viscères.

J. Verne, *Les Enfants du capitaine Grant*, 1868.

Langue

Cherche la définition des mots « émerillon », « désappointé », « viscères » et donne leur sens dans le texte.

Compréhension

1. Pourquoi les marins décident-ils d'éventrer le poisson ? Justifie ta réponse.

Si la question commence par *pourquoi*, utilise *parce que* ou *car* dans la réponse.

2. Relève les termes qui montrent la violence de cette scène.

3. Explique la réaction qui suit l'exploration du poisson.

4. Comment le suspense est-il relancé à la fin du texte ?

16 Utiliser le bon niveau de langue

Les différents niveaux (ou registres) de langue

Il est possible de s'exprimer dans un niveau de langue courant, familier ou soutenu.

Niveau de langue	Caractéristiques	Exemple
Courant	Vocabulaire courant, langue correcte mais simple.	*Papa et maman sont très gentils.*
Soutenu	Vocabulaire et constructions de phrases recherchés. Emploi plus courant du passé simple.	*Mes parents sont des personnes extrêmement sympathiques.*
Familier	Vocabulaire relâché, phrases souvent mal construites.	*Mes vieux, ils sont trop cools !*

1 **Associe chaque phrase à son niveau de langue.**

Mon père enseigne la littérature et la langue française. ●   ● familier

Papa, il est prof de français.   ●   ● courant

Mon père est professeur de français. ●   ● soutenu

2 **a. Classe les mots et expressions suivants en trois groupes, selon leur sens :**
à la baraque – crevé – en avoir assez – à mon domicile – fatigué – s'habiller – harassé – se fringuer – chez moi – se lasser – se vêtir – en avoir marre.

b. Dans chacun des groupes de mots que tu as identifiés, classe les termes selon leur niveau de langue.

	Groupe 1	Groupe 2	Groupe 3	Groupe 4
Courant	....	....	....	....
Soutenu	....	....	....	....
Familier	....	....	....	....

3 **Entoure l'intrus qui s'est glissé dans chacune des listes suivantes.**

1. un enfant – un gosse – un môme – un moutard

2. se hâter – se presser – se magner – faire diligence

3. gronder – disputer – réprimander – engueuler

4. le blé – l'argent – la thune – le pognon

L'intrus n'appartient pas au même niveau de langue que les autres mots.

Choisir le bon niveau de langue

On ne s'exprime pas de la même manière dans toutes les situations.

● Le niveau de langue **courant** est celui de la langue orale et écrite du **quotidien**.

● Le niveau de langue **familier** s'emploie dans le **cadre privé** (chez soi ou avec des amis).

● Le niveau de langue **soutenu** s'emploie essentiellement à l'**écrit** (dans les courriers officiels, les copies d'examen, mais aussi les textes littéraires).

4 **Le niveau de langue des phrases suivantes n'est pas adapté à la situation indiquée entre parenthèses. Réécris-les correctement.**

Par politesse, on évite de s'adresser à une personne âgée dans un registre familier.

Ex : *Ce bouquin, il est trop bien ! (un élève à son professeur)*
→ *Ce livre m'a vraiment plu !*

1. Le dîner fut succulent ! *(conversation entre frères)*

→ ....

2. Mon frère, j'peux plus l'blairer ! *(un enfant à son grand-père)*

→ ....

3. Aurais-tu l'obligeance de me permettre d'examiner ton bulletin de notes ? *(une mère à son fils)*

→ ....

4. Mon fils pourra pas venir en cours aujourd'hui car il a vachement mal au ventre.
(un mot d'excuse rédigé par un père)

→ ....

5 **À toi de jouer. Ce texte mélange les niveaux de langue : réécris-le dans un niveau de langue courant. Travaille sur ton cahier de rédaction.**

L'autre jour, [...] en sciant du bois, je me suis coupé le pouce. Profond ! J'ai couru trouver papa qui lisait dans le salon.
– Papa, papa ! Va vite chercher un pansement, je pisse le sang ! ai-je hurlé en tendant mon doigt blessé.
[Silence du père]
– Très cher père, ai-je [repris], je me suis entaillé le pouce et le sang s'écoule abondamment de la plaie.
– Voilà un exposé des faits clair et précis, a déclaré papa.
– Mais grouille-toi, ça fait vachement mal ! ai-je lâché, n'y tenant plus. [...]
– Examinons d'un peu plus près cette égratignure.
Il a baissé son livre et m'a aperçu, grimaçant de douleur et serrant mon pouce sanguinolent.
– Mais t'es cinglé, ou quoi ? a-t-il hurlé, furieux. Veux-tu f... le camp, tu pisses le sang ! Tu as dégueulassé la moquette ! File à la salle de bains et dém...-toi ! Je ne veux pas voir cette boucherie !

• Attention, le niveau de langue courant est déjà présent dans ce texte.
• Tu remarqueras qu'en transposant ce texte dans le niveau de langue courant, il perd son côté humoristique : les décalages de niveaux de langue produisent très souvent des effets comiques !

B. Friot, « Façons de parler », in *Nouvelles Histoires pressées*, © Milan Junior, 2000.

17 Raconter une expérience personnelle

Construire son récit

Raconter une expérience personnelle, c'est faire partager au lecteur un moment de vie particulièrement marquant.

- Sur ton brouillon, note **les faits** les plus importants que tu vas relater dans ton récit, et organise-les selon une **progression chronologique**.
  Par exemple, si tu racontes un séjour en colonie de vacances, ton plan peut être :
  1. les circonstances ; 2. les étapes de la préparation ; 3. le déroulement de la colonie ;
  4. le bilan de cette expérience.

- Dans ton récit, tu dois utiliser :
  – la **première personne** (singulier ou pluriel) et le **passé composé** ;
  – des **indications de temps et de lieu** précises, pour ordonner ton texte (*tout d'abord, à midi, quelques heures plus tard, chez Paul, dans le champ, à la piscine...*).

1 a. Remets dans l'ordre les étapes de ce récit en les numérotant de 1 à 4.

...... Très fiers de notre capture, nous l'avons apportée aux parents qui nous ont félicités.

...... L'été dernier, mes cousins et moi-même avons découvert une cabane près d'un étang.

...... Au début, ça ne mordait pas beaucoup, mais un jour, nous avons pris une énorme carpe.

...... Nous avons décidé d'y établir notre campement secret pour les vacances et d'y apporter tout le matériel de pêche.

b. Quel est l'événement marquant de ce récit ?

....

2 Lis le texte suivant, puis complète le tableau.

Cet été, je suis parti en randonnée avec mes parents dans le Sud pendant quinze jours. C'était la première fois que je passais des vacances en pleine nature. J'ai appris à repérer les sentiers balisés, à observer les animaux, à respecter la nature et à monter une tente !

Indications de lieu et de temps	....
Expériences vécues	....

Relève trois indications de temps, deux de lieu et cinq expériences.

17

Exprimer ses sentiments

● Commence par noter au brouillon les sentiments que tu as ressentis (positifs ou négatifs) lors de cette expérience. Ils devront se retrouver dans ton récit.

● Pour exprimer un sentiment, tu peux utiliser :
   – des **verbes** de perception ou de sentiment ; *J'ai apprécié qu'on me confie ce rôle.*
   – des **adjectifs**, des **adverbes** ;
   Malheureusement, je suis arrivée deuxième. J'étais très déçue.
   – la **ponctuation** : le point d'interrogation fait part des incertitudes ou de l'inquiétude du narrateur ; le point d'exclamation peut traduire l'enthousiasme, la peur...
   Pourquoi avions-nous choisi cet endroit ? Quelles vacances inoubliables !

3 **Complète le texte avec les mots suivants :** *courroucé – déconcerté – épaté – hilare – pétrifier – ravir – répugner à – savourer.*

Sentiments positifs	Sentiments négatifs
....	....

4 **a. Complète le texte avec les mots suivants :** *appréhension – délicieuse – éprouvé – extrême – heureusement – rebuté.*

Aux dernières vacances, on m'a invité à faire de l'escalade dans la forêt de Fontainebleau.

Au début, cette proposition m'a .... Comment ne pas être ridicule ?

J'avais beaucoup d'.. oar je n'avais jamais pratiqué ce sport.

...., un moniteur nous a expliqué comment il fallait s'y prendre.

Dès le premier rocher, une joie .... m'a envahi. Je ne me suis arrêté

qu'au sommet et là, j'ai .... une .... fierté !

b. Relève les phrases où la ponctuation transcrit les sentiments du narrateur.

....

5 **À toi de jouer. Imagine que tu es dans une colonie de vacances, et que lors d'une sortie en forêt, tu perds ton groupe... Écris sur ton cahier de rédaction le récit de cet épisode, en n'oubliant pas de tirer une conclusion de cette expérience.**

Voici le plan que tu peux suivre.
1. Indique les circonstances de la sortie.
2. Explique comment tu t'es retrouvé seul, et décris tes sentiments à cet instant précis.
3. Indique comment tu as fait pour retrouver ton chemin, et exprime le soulagement que tu as ressenti lorsque tu as retrouvé ton groupe.
4. Livre une appréciation personnelle de cette expérience (*Je trouve que... ; J'ai l'impression que...*).

18 Faire un compte-rendu de visite

Les composantes du compte-rendu

Lorsque tu fais le compte-rendu d'une visite, tu racontes ce que tu as vu et appris, pour informer des personnes qui n'étaient pas présentes.

- Tu dois commencer ton compte-rendu en donnant toutes les **informations pratiques**.
  Quelle visite ? Quand ? Avec qui ? Par qui était-elle organisée ? Dans quel but ?

- Puis, tu rédiges le récit de la visite en respectant l'**ordre chronologique**.
  Pour aider ton lecteur à se repérer, utilise des **indicateurs temporels** : *tout d'abord, puis, vers onze heures, plus tard dans l'après-midi,* etc.

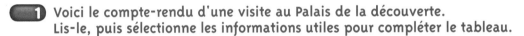

1 Voici le compte-rendu d'une visite au Palais de la découverte.
Lis-le, puis sélectionne les informations utiles pour compléter le tableau.

Le lundi 18 octobre 2010, les classes de 6e A et B sont allées au Palais de la découverte à Paris. C'était notre premier voyage de classe de l'année. Nos professeurs de SVT, Mme Eucaryote et M. Bios, étaient nos accompagnateurs.
Nous avons visité l'exposition sur le corps humain. Nous avons pu faire de nombreuses expériences. Les professeurs nous avaient également donné des questionnaires à remplir au cours de la visite.

De quoi s'agit-il ?	Quand ? Où ?	Qui ?	Dans quel but ?
....	....	....	....
....	....	....	....
....	....	....	....

2 Remets dans l'ordre les étapes de ce compte-rendu.
(Numérote les phrases de 1 à 6.)

...... L'après-midi, nous nous sommes répartis en plusieurs ateliers : atelier géologique, atelier de biologie, atelier de cartographie.

...... À la fin de la journée, de retour au camp, chaque groupe a présenté le travail qu'il avait réalisé durant les ateliers.

Commence par repérer tous les indicateurs temporels : ils marquent le déroulement de la journée.

...... Puis, vers midi, nous avons fait une pause pour manger et nous en avons profité pour faire le point sur notre parcours.

...... En chemin, le guide nous a fait observer la faune et la flore.

...... Hier, c'était le premier jour de notre voyage de classe dans les monts d'Auvergne.

...... Le matin, nous sommes partis faire une randonnée de trois kilomètres dans la forêt située à côté du camp.

18

3 Voici les notes prises par un élève lors d'une visite au château de Versailles. À chaque lieu du château est associé un commentaire. À toi de rédiger un compte-rendu à partir de ces éléments !

- la chambre du roi : au milieu du bâtiment central
- la galerie des Glaces : impressionnante par sa grandeur, longue de 73 mètres
- la chapelle du château : construite entre 1689 et 1710
- les jardins : conçus par André Le Nôtre ; magnifiques et parfaitement entretenus
- le Grand Trianon : palais commandé par Louis XIV pour fuir la cour

Nous avons commencé la journée par la visite de la chambre du roi,

située ....

....

....

....

....

Respecte l'ordre dans lequel ont été prises les notes.
Imagine le déroulement de la journée, et ajoute des indicateurs temporels : *à la fin de la matinée, l'après-midi, plus tard...*

La conclusion du compte-rendu

- Il s'agit de faire ressortir l'**intérêt** de cette visite en indiquant ce que tu as appris, comment tu pourras t'en resservir, etc.
- Tu peux exprimer ici ton **avis personnel** sur la sortie, à condition de le justifier.

N.B. : Pour agrémenter la présentation de ton compte-rendu, insères-y une photographie du lieu de la visite. N'oublie pas la légende

4 Indique quels sont les intérêts de la visite que l'élève fait ressortir dans son compte-rendu.

La visite du Futuroscope à Poitiers nous a permis de découvrir toutes les avancées technologiques révolutionnaires du XXIe siècle. Nous avons été fascinés par les images immenses projetées sur des écrans géants, les images en relief et les éléments virtuels en 3D.
Nous savons maintenant que la production de ces images nécessite une grande maîtrise informatique et graphique.

Reformule avec tes propres mots les intérêts de cette visite. Il y en a deux à distinguer.

....

....

5 À toi de jouer. Sur ton cahier de rédaction, fais le compte-rendu, en une quinzaine de lignes, d'une visite scolaire que tu as effectuée cette année avec ta classe.

Tu peux évoquer une balade scientifique, la visite d'un musée, d'une exposition, d'un monument, d'un site archéologique, d'une ville...

19 Décrire une image

L'étude externe de l'image

Pour comprendre une image, tu dois commencer par l'identifier à l'aide des informations contenues dans la légende.

Éléments à préciser	Exemple (image de la page 41)
L'**auteur** (tu peux donner quelques informations utiles sur sa biographie)	Félix Lorioux (1872-1964)
Le **titre** et l'**année**	*Le Corbeau et le Renard*, illustration pour les *Fables* de La Fontaine, 1929
La **nature** : peinture, sculpture, céramique, photographie, dessin...	lithographie

N.B. : Tu peux également indiquer le musée dont l'œuvre est issue, ses dimensions, etc., s'ils sont précisés.

1 **a. Observe l'illustration ci-contre, puis réponds aux questions sur ton cahier de rédaction.**

1. Qui est l'auteur de cette image ?

2. Quel est le titre de cette image ?

3. Quelle est sa date de réalisation ?

4. Quelle est la nature de cette image ?

b. À partir des éléments que tu as identifiés dans le a., rédige une brève présentation de cette œuvre sur ton cahier de rédaction.

Le Corbeau et le Renard, illustration pour les *Fables* de La Fontaine, J.-B. Oudry, gravure, 1729-1734.

L'étude interne de l'image

● Après avoir identifié les éléments externes de l'image, on **décrit** celle-ci pour comprendre sa fonction (illustrer, informer, raconter, convaincre) et son sens.

● Pour mener ton analyse, prête une grande attention à la **composition** du tableau, c'est-à-dire à la manière dont sont disposés les éléments qui le composent. Procède par étapes : identifie les personnages, les objets ou les paysages situés au **premier plan**, puis au **second plan** et enfin à l'**arrière-plan**, et décris-les à l'aide d'adjectifs.

Le Corbeau et le Renard

Maître Corbeau, sur un arbre perché,
Tenait en son bec un fromage.
Maître Renard, par l'odeur alléché,
Lui tint à peu près ce langage :
« Hé ! bonjour, Monsieur du Corbeau.
Que vous êtes joli ! que vous me semblez beau !
Sans mentir, si votre ramage
Se rapporte à votre plumage,
Vous êtes le Phénix des hôtes de ces bois. »
À ces mots le Corbeau ne se sent pas de joie :
Et pour montrer sa belle voix,
Il ouvre un large bec, laisse tomber sa proie.
Le Renard s'en saisit, et dit : « Mon bon Monsieur,
Apprenez que tout flatteur
Vit aux dépens de celui qui l'écoute.
Cette leçon vaut bien un fromage, sans doute. »
Le Corbeau honteux et confus,
Jura, mais un peu tard, qu'on ne l'y prendrait plus.

J. de La Fontaine, *Fables*, livre I, 1668.

Le Corbeau et le Renard,
illustration pour les *Fables* de La Fontaine,
F. Lorioux (1872-1964), lithographie, 1929.

2 Sur une feuille de brouillon, réponds aux questions suivantes.

1. Dans quelle position se trouve le corbeau ? Que fait-il ?

Dans quelle position se trouve le renard ? Que fait-il ?

2. Quels objets personnifient le corbeau ?

3. Quels vers précis sont illustrés par cette image ?

Question 1 : observe et décris le bec du corbeau, le regard et la gueule du renard. Question 2 : *personnifier* signifie ici « représenter comme un être humain ».

Compare maintenant cette image avec celle de l'exercice 1.

4. En quoi l'attitude du renard diffère-t-elle dans ces deux images ?

5. Quels vers précis sont illustrés dans la gravure d'Oudry ?

6. Qu'apporte l'utilisation des couleurs dans l'illustration de Lorioux ?

7. Quelle image utilise l'humour ? Justifie ta réponse.

3 À toi de jouer. Rédige sur ton cahier de rédaction un paragraphe qui décrit l'illustration de F. Lorioux. Après l'avoir présentée, tu l'analyseras en t'aidant des réponses aux questions de l'exercice précédent.

• Présente d'abord l'image à partir des informations données en légende.
• Puis décris la composition du tableau, les attitudes des deux personnages...
• Termine en indiquant si tu apprécies cette image, et pourquoi.

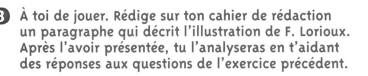

20 Raconter un épisode épique

Organiser l'action

- Une épopée est un récit qui célèbre un **héros** ou un **fait glorieux**, en mêlant l'histoire et la légende. Dans un épisode épique, le héros est amené à relever une épreuve dont il sortira vainqueur : duel, bataille, libération d'une captive…

- Le récit de ton épisode épique doit être organisé en **étapes**.
  Par exemple, si tu racontes une scène de bataille, tu peux commencer par décrire le héros et son adversaire, ainsi que le lieu dans lequel ils se trouvent. Puis, raconte le déroulement du combat. Enfin, tu peux terminer par une description finale du héros, reconnu de tous comme un être extraordinaire.

1 Sur ton cahier de rédaction, recopie les étapes de ce combat dans l'ordre.

Le grand Énée le rattrape finalement et brandit alors son arme fatale.
Sur la plaine, les deux adversaires s'observent attentivement.
Mais voilà que, ayant perdu son arme, l'adversaire d'Énée prend la fuite.
Blessé à mort, l'ennemi tombe à terre.
Énée et son ennemi se livrent aussitôt un combat sans merci.
Le glorieux Énée brandit son épée en signe de victoire.
Soudain, le combat s'engage.

Le choix des temps

- Les temps principaux du récit sont le passé simple et l'imparfait (voir p. 12).

- Dans un texte au passé, pour rendre une scène plus vivante, on peut aussi employer le **présent de narration** à la place du passé simple.
  Énée parlait avec Ascagne, quand il entend *un bruit de pas. Inquiet, le héros* ajuste *sa flèche.*

2 a. Transpose le texte suivant au présent.

Dans l'Énéide, Turnus, promis à la même femme qu'Énée, lui déclare la guerre.
Dans un premier temps, Turnus combat Pallas, un allié d'Énée.

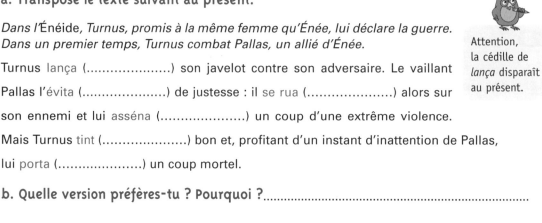

Turnus lança (......................) son javelot contre son adversaire. Le vaillant

Pallas l'évita (......................) de justesse : il se rua (......................) alors sur

son ennemi et lui asséna (......................) un coup d'une extrême violence.

Mais Turnus tint (......................) bon et, profitant d'un instant d'inattention de Pallas,

lui porta (......................) un coup mortel.

Attention,
la cédille de
lança disparaît
au présent.

b. Quelle version préfères-tu ? Pourquoi ?...

Le style de l'épopée (style épique)

Il se caractérise par :
– des mots (noms, adjectifs, adverbes...) ou des comparaisons qui montrent les **qualités extraordinaires** des personnages et des actions ;
Aussi rapide qu'un dieu, Achille esquivait avec une *prodigieuse habileté les coups de son adversaire.*
– les champs lexicaux du **combat**, du **courage** et de la **mort** ;
– des **exagérations** (*une force colossale, un combat extraordinaire, un guerrier gigantesque...*).

N.B. : Dans les épopées antiques, on associe souvent au nom des héros un complément qui les caractérise :
le divin Ulysse, l'avisée Pénélope, Achille aux pieds légers.

3 **Complète le texte suivant avec les mots proposés :** *endurant – exceptionnelles – ingéniosité – intrépide – invincible – loyal – prouesses – vaillance.*

Un héros épique fait preuve de qualités .... Il accomplit des ....

Il reste toujours fidèle à sa parole : il est .... Capable de combattre pendant des

heures, il est très ...., il n'hésite pas à se lancer dans des entre-

prises périlleuses. Pour piéger l'ennemi, il doit souvent faire preuve d'.............................. .

Sa .... est sans égale. Les dieux le rendent ....

4 **Complète le tableau avec les expressions suivantes :** *blesser à mort – s'élancer – asséner un coup fatal – bondir – remplir son carquois de flèches – décocher une flèche – se ruer vers – lancer un javelot – tirer son glaive acéré – revêtir son armure – tenir l'ennemi à sa merci.*

Il y a 2 expressions à trouver dans la première colonne, 3 dans les autres.

Préparation au combat	Poursuite	Maniement des armes	Mise à mort
....	....	....	....
....	....	....	....
....	....	....	....

5 **À toi de jouer. Turnus et Énée se rencontrent enfin ! Sur ton cahier de rédaction, raconte le combat qui les oppose au présent de narration.**

• Tu peux reprendre certains termes de l'exercice 3 pour faire ressortir les qualités du héros épique (Énée), et certaines expressions de l'exercice 4 pour décrire la scène du combat.
• Essaie de montrer Énée en difficulté avant de le représenter victorieux.

21 Imaginer un conte

Déterminer les éléments clés d'un conte

Les éléments clés	Exemple du *Petit Chaperon rouge*
Le héros d'un conte doit accomplir une **mission** et, pour cela, surmonter des **épreuves**.	Le Petit Chaperon rouge doit apporter une galette à sa grand-mère et, pour cela, traverser la forêt et affronter ses dangers.
À la fin, il découvre une **vérité**.	Ses aventures avec le loup lui apprennent qu'il vaut mieux obéir à ses parents.
Dans sa quête, le héros peut être aidé par des **adjuvants** ou, au contraire, confronté à des **opposants**.	Le loup est un opposant ; le chasseur, un adjuvant.
Des personnages ou des objets peuvent être dotés de pouvoirs surnaturels (éléments **merveilleux**).	Le loup parle.
Le conte se situe dans un **passé lointain** (*Il était une fois…*) et dans un **lieu symbolique**.	La forêt symbolise le lieu de tous les dangers.

1 Relie chacun des personnages à sa mission.

un crapaud ● ● tuer un dragon

un enfant ● ● redevenir prince charmant

un prince ● ● devenir riche et bienfaisant

un bûcheron ● ● s'enfuir de chez une sorcière

Trace quatre flèches et trouve le personnage le plus adapté à chaque mission.

2 Voici trois héros et leur mission. Imagine pour chacun d'eux une épreuve à surmonter, ainsi que les personnages, adjuvant et opposant, qu'ils rencontrent.

Ex. : *Un prince cherche un trésor. Il doit entrer dans une forêt magique (épreuve) ; une sorcière (opposant) tente de l'en empêcher mais un lutin (adjuvant) l'aide.*

Mission du personnage	Épreuve	Opposant	Adjuvant
Une princesse cherche à se marier.	....	....	....
Un enfant cherche son frère enlevé par un dragon.	....	....	....
Un vieil homme cherche une eau qui rend jeune.	....	....	....

3 Explique, en une phrase, quel pourrait être le pouvoir magique de ces objets.

1. un anneau : ....

2. un tabouret : ....

3. une lampe : ....

 Fixer les étapes du conte

Un conte s'organise en 5 étapes.

N°	Intitulé de l'étape	Contenu
1	la **situation initiale**	Au début du conte sont présentés le cadre et les personnages. Ceux-ci sont dans une situation stable, heureuse ou malheureuse.
2	l'**élément déclencheur**	Événement qui met fin à l'équilibre initial et déclenche l'action.
3	les **péripéties**	Suite d'actions qui sont la conséquence de l'élément déclencheur et qui forment l'essentiel du récit.
4	l'**élément de résolution**	Événement qui met fin à l'action.
5	la **situation finale**	Nouvelle situation d'équilibre produite par l'élément de résolution.

4 Remets dans l'ordre les cinq étapes du conte « Le Malin Petit Tailleur » de Grimm.

...... Trois tailleurs se présentent ; la princesse pose à chacun une énigme.

...... Le tailleur se marie avec la princesse.

...... Une princesse orgueilleuse ne trouve aucun homme digne de l'épouser.

...... Le plus jeune résout l'énigme.

...... Elle annonce qu'elle épousera l'homme qui saura résoudre l'énigme qu'elle lui posera.

5 À toi de jouer. a. Choisis les éléments du conte que tu vas être amené à écrire au fil des trois chapitres suivants. Il te faut :

1. un héros – 2. une mission et des épreuves à surmonter – 3. d'autres personnages (opposants et adjuvants) – 4. les lieux où ton conte se déroulera – 5. des éléments merveilleux – 6. la découverte finale du héros (= le message du conte)

• Sur ton cahier de rédaction, note les 6 éléments demandés puis les 5 étapes de ton récit en utilisant des tirets. Tu ne dois pas encore faire de véritables phrases.
• Tu peux imaginer des personnages et des situations amusantes se déroulant à notre époque.

b. Une fois que tu auras défini tous ces éléments, essaie de construire ton histoire en suivant les 5 étapes décrites ci-dessus.

22 Concevoir une situation initiale

Le début d'un conte

Il précise tous les éléments essentiels de l'histoire. Il contient :
– une formule d'ouverture du type « Il était une fois... », « Il y avait autrefois... » ;
– une brève et vague indication de lieu (dans une forêt, dans un royaume lointain...) ;
– une présentation, rapide elle aussi, du héros, de sa situation et de ses problèmes éventuels.

1 **a. Lis les débuts de contes suivants.**

1. Il y avait autrefois un roi et une reine qui disaient chaque jour : « Ah, que ne pouvons-nous avoir un enfant ! » et jamais il ne leur en venait.

C. Perrault, « La Belle au bois dormant », in Contes, 1697.

2. Une fois, il y a bien longtemps, il était un roi qui avait un joli jardin d'agrément derrière son château, et là il y avait un arbre qui portait des pommes d'or.

Grimm, « L'Oiseau d'or », in Contes (1812), trad. M. Robert, 1976.

b. En prenant exemple sur ces modèles, rédige une situation initiale intégrant :
— une formule d'ouverture comportant un verbe (*être* ou *avoir*) à l'imparfait ;
— une présentation du héros (*qui ?*) et la mise en place d'un cadre (*quand ?* et *où ?*). Pour le personnage, tu diras quels sont ses problèmes, ses espoirs ou, au contraire, ses joies au début du conte.

Voici quelques exemples de personnages et de lieux dont tu peux te servir... si tu le souhaites !
Personnages : un prince, un enfant exceptionnellement grand, un animal doté de pouvoirs, une fée...
Lieux : une forêt, un château, une chaumière...

....

....

....

Le héros d'un conte

Il est assez peu décrit. C'est généralement un enfant ou un adolescent.
Il est souvent désigné à partir d'un détail :
– de son **physique** : Blanche-Neige, par exemple, a la peau aussi blanche que la neige ;
– de son **costume** : le Petit Chaperon rouge est appelé ainsi en raison de la couleur de son capuchon (chaperon) ;
– de son **histoire**, comme la Belle au bois dormant.

N.B. : Le héros change en principe de situation au cours du conte (il se marie, il devient riche...), et les épreuves qu'il affronte le transforment.

2 Reprends le héros que tu as choisi pour l'exercice 1 et remplis sa fiche d'identité !

Nom du héros, âge	Aspect physique	Situation au début	Situation à la fin
....	....	....	....
....	....	....	....
....	....	....	....

Tu ne dois pas donner d'éléments trop précis.

3 a. Dans la liste suivante, entoure 3 adjectifs qui pourraient caractériser le héros imaginé aux exercices 1 et 2.

avare – beau – fidèle – fier – généreux – habile – humble – laid – malin – méchant – pauvre – rancunier – riche

b. Justifie le choix de chaque adjectif, en expliquant pourquoi l'on peut dire que le personnage possède ces traits moraux ou physiques.

Ex. : *Le héros est courageux parce qu'il n'hésite pas à affronter un dragon.*

1. ....

2. ....

3. ....

4 Tu te réveilles un beau matin en héros de conte...
Imagine quel type de héros tu serais, et décris-toi
dans ce personnage.

Ce matin-là, quand je me suis réveillé(e), je n'étais plus tout à fait

moi-même, puisque j'étais devenu(e) ....

....

....

• N'oublie pas de mettre les verbes de la description à l'imparfait.
• Tu peux utiliser des adjectifs et des comparaisons.

5 À toi de jouer. Réunis tous les éléments que tu as choisis
pour la rédaction de ton conte à la fin du chapitre 21,
p. 45. À partir de ces éléments, rédige la situation
initiale de ton conte présentant ton héros, puis
rédige l'élément déclencheur. (Travaille sur ton
cahier de rédaction.)

• Il faut que tu ailles à la ligne pour chaque étape.
• N'oublie pas la formule d'ouverture !
• Rédige l'élément déclencheur au passé simple.

Insérer un dialogue dans un récit

La ponctuation du dialogue

Le Petit Chaperon rouge dit au loup :
« Je vais voir ma mère-grand, et lui porter une galette avec un petit pot de beurre que ma mère lui envoie.
– Demeure-t-elle bien loin? lui demanda le loup.
– Oh ! oui, répondit le Petit Chaperon rouge, c'est par-delà le moulin que vous voyez tout là-bas. »

Observe le dialogue ci-dessus et retiens que :
– les deux-points (:) signalent l'ouverture du dialogue ;
– le tiret (–), suivi d'une majuscule, indique un changement de locuteur ;
– les guillemets (« ») sont parfois ouverts devant la première réplique du dialogue, ils remplacent alors le tiret. Il faut les refermer après la dernière réplique du dialogue.

1 Une sorcière a jeté un mauvais sort au texte suivant : tous les signes de ponctuation du dialogue se sont volatilisés ! Redonne à ce texte sa forme initiale.

Il s'agit d'un dialogue entre Barbe-Bleue, sa femme et la sœur de sa femme, Anne.

Cependant Barbe-Bleue, tenant un grand coutelas à la main, criait de toute sa force à sa femme Descends vite, ou je monterai là-haut. Encore un moment, s'il vous plaît, lui répondit sa femme ; et puis elle criait Anne, ma sœur Anne, ne vois-tu rien venir ? Je vois, répondit la sœur Anne, une grosse poussière qui vient de ce côté-ci. Sont-ce mes frères ? Hélas, non, ma sœur, c'est un troupeau de moutons. Ne veux-tu pas descendre ? criait Barbe-Bleue. Encore un moment, répondait sa femme.

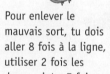

Pour enlever le mauvais sort, tu dois aller 8 fois à la ligne, utiliser 2 fois les deux-points, 7 fois les tirets, et ouvrir et fermer les guillemets.

D'après C. Perrault, « La Barbe-Bleue », in *Contes,* 1697.

Les caractéristiques du dialogue

● Un dialogue rapporte les paroles des personnages **telles qu'elles ont été prononcées**. Il permet de rendre un récit **plus vivant**.

● On y trouve :
– des mots des **1re et 2e personnes** (*je, mon, le mien, tu, ton, le tien…*) ;
– des **types de phrases** différents (déclaration, interrogation, ordre, exclamation) ;
– des **caractéristiques du message oral** : des registres de langue variés, des interjections… ;
– des verbes surtout au **présent**, même si le récit est au passé.

2 D'un coup de baguette magique, transforme sur ton cahier de rédaction cet extrait de « Cendrillon » de Perrault en un dialogue entre la marraine et Cendrillon.

> Sa marraine lui recommanda sur toutes choses de ne pas passer minuit, l'avertissant que si elle demeurait au bal un moment davantage, son carrosse redeviendrait citrouille, ses chevaux des souris, ses laquais des lézards, et que ses vieux habits reprendraient leur première forme.
> Elle promit à sa marraine qu'elle ne manquerait pas de sortir du bal avant minuit.

C. Perrault, « Cendrillon », in *Contes,* 1697.

Attention au changement de pronom : *elle* devient *tu*. Dans ton dialogue, tu auras : un verbe à l'impératif, un au présent et 3 au futur simple.

3 Imagine sur ton cahier de rédaction le dialogue entre le Petit Chaperon rouge, la grand-mère et le chasseur après que ce dernier les a tirées du ventre du loup.

Fais parler deux fois chaque personnage. Tu peux aussi imaginer des phrases de récit qui entourent ton dialogue.

 ## Les verbes introducteurs

- Les verbes introducteurs (en bleu dans l'exemple du premier cadre) peuvent annoncer le dialogue ou préciser la personne qui parle. Ce sont des verbes : de **déclaration** (*dire, affirmer, déclarer*), d'**injonction** (*ordonner*), d'**interrogation** (*demander, interroger*) ou de **réponse** (*répondre, répliquer*).

- Ces verbes et les propositions qui les contiennent peuvent renseigner sur la **manière dont s'exprime le personnage** (*chuchoter, hurler*), sur son attitude, ses sentiments.

- Les propositions qui contiennent ces verbes peuvent **précéder** ou **suivre** le dialogue. Parfois, elles le **coupent** : le sujet est alors inversé et la proposition est séparée du dialogue par des virgules.
  Je souhaite, dit-elle, que tu rendes visite à ta mère-grand.

4 Insère dans ce dialogue, pour le rendre plus clair et plus vivant, des propositions contenant des verbes introducteurs avec leur sujet et des compléments informant sur la manière dont les paroles sont prononcées (ex : *demanda-t-il vivement*).

Trois jeunes princes se disputent sur la façon d'occuper leur journée.

« Et si on faisait un tournoi ?
– Oh ! non, à trois ce n'est pas drôle !
– Dans ce cas, que proposes-tu ?
– On pourrait aller attaquer un dragon ?
– Tu plaisantes, on les a déjà tous tués !
– Eh bien, moi, je propose d'aller rendre visite à une princesse.
– Quelle bonne idée ! »

Tu peux insérer tes propositions avant ou après les phrases de dialogue, ou même au milieu.

5 À toi de jouer. Reprends le conte que tu écris depuis le chapitre 22 et imagine sur ton cahier de rédaction un dialogue entre ton héros et un personnage de ton choix.

Il faudra que ce dialogue puisse s'insérer dans ton conte.

24 Écrire la fin d'un conte

L'élément de résolution et la situation finale

● **L'élément de résolution** est l'événement qui met **fin à l'action**. Les épreuves que le héros a affrontées lui ont permis de s'affirmer, de mieux se connaître. À partir de là, le héros est arrivé à la fin de ses aventures : ses problèmes sont résolus.

● **La situation finale** correspond aux **dernières lignes** d'un conte. C'est une situation stable, différente de la situation de départ, et en principe joyeuse.
Le héros est transformé. Ce peut être une transformation sociale (un meunier qui devient roi) ou une transformation de son caractère.
Dans « La Belle au bois dormant » par exemple, l'élément de résolution est le réveil de la princesse Aurore par le baiser du prince charmant. La situation finale évoque le mariage de la princesse et la naissance de ses enfants.

1 Complète le tableau en mettant en relation la situation initiale et la situation finale.

Situation initiale	Situation finale
Une jeune princesse vit seule dans un château.	Elle se marie et elle a beaucoup d'enfants.
1.	Le bûcheron est riche et vit heureux avec toute sa famille.
Un petit garçon n'a pas d'amis.	2. ....
Un corbeau est amoureux d'une étoile.	3. ....

2 Retrouve l'élément de résolution et la situation finale de ce conte-télégramme et rédige ces deux étapes sur ton cahier de rédaction.

DRAGON ENLEVÉ PRINCESSE – ROI DEMANDE CHEVALIERS SAUVER PRINCESSE – TROIS CHEVALIERS ATTAQUENT DRAGON – PREMIER CHEVALIER CARBONISÉ – DEUXIÈME ÉCRABOUILLÉ – TROISIÈME AVALÉ TOUT CRU – ROI DÉSESPÉRÉ – FACTEUR IDÉE – ENVOIE LETTRE PIEGÉE DRAGON – DRAGON EXPLOSE – PRINCESSE ÉPOUSE FACTEUR – HEUREUX – FAMILLE NOMBREUSE – RÉDUCTION SNCF – FIN.

B. Friot, « Histoire-télégramme », in *Nouvelles Histoires pressées*, © Milan Junior, 2000.

Tu dois former des phrases complètes : ajoute des articles, des prépositions, des verbes, des pronoms... N'hésite pas à développer les éléments de ce récit !

3 Sur ton cahier de rédaction, imagine, en quelques lignes, la fin du conte suivant (élément de résolution et situation finale).

Une jeune femme était désespérée de ne pas trouver de mari. Ses efforts étaient toujours vains. Elle prit finalement la décision d'aller consulter une descendante de Merlin. Celle-ci lui prépara une mixture qui devait lui permettre de trouver le grand amour. La jeune femme l'avala d'un trait. En sortant de chez l'enchanteresse, elle vit un crapaud...

4 Imagine et rédige en quelques lignes une situation finale qui pourrait clore, selon toi, le conte « Le Pêcheur et sa femme » des frères Grimm. En voici le début.

Il était une fois, dans le temps jadis, un pêcheur avec sa femme, qui vivaient ensemble dans une minuscule cabane tout au bord de la mer ; et tous les jours le pêcheur s'en allait lancer sa ligne, et il lançait sa ligne, et il la lançait.

Ainsi, un jour, il était assis près de sa ligne et il regardait toujours dans l'eau claire, il regardait et il était assis, assis.

Puis tout à coup la ligne plongea et s'en alla au fond, tout au fond ; et quand il la remonta, il tira dehors un grand turbot qui était au bout. Alors le turbot parla [...].

Grimm, « Le Pêcheur et sa femme », in Contes, © trad. A. Guerne.

- Le turbot est un poisson.
- Quand tu auras inventé ta propre fin, tu pourras chercher comment les frères Grimm ont terminé leur conte et comparer.

La morale

Souvent, les contes se terminent par une morale. C'est la **leçon de conduite** que l'on peut tirer de leur lecture. Par exemple, on peut découvrir à la lecture de « Cendrillon » que la gentillesse est récompensée.

La morale peut être écrite par l'auteur ou bien cela peut être au lecteur de la trouver.

Les morales sont rédigées au **présent de vérité générale** car elles sont toujours vraies.

5 À quel conte pourraient s'appliquer chacune de ces morales ?

« La Barbe-Bleue » ●   ● Faire confiance à quelqu'un peut amener richesse et bonheur.

« Le Petit Poucet » ●   ● Être trop curieux peut s'avérer très dangereux.

« Le Chat botté » ●   ● Le plus petit est parfois le plus malin.

Si tu ne te souviens plus de tous ces contes, c'est l'occasion de les relire !

6 Invente trois morales que tu aimerais voir illustrées par des contes. Tu les rédigeras en une phrase, chacune au présent.

1. ....

2. ....

3. ....

7 À toi de jouer. Il s'agit maintenant de terminer le conte que tu écris depuis le chapitre 22. Rédige sur ton cahier de rédaction une ou deux péripéties, puis l'élément de résolution et la situation finale. Termine enfin par une morale.

Reprends les péripéties que tu avais imaginées au chapitre 22. Attention, elles doivent être bien orientées vers la fin de ton conte.

㉕ Écrire une fable

Déterminer les éléments clés d'une fable

Les éléments clés d'une fable	Exemple : *Le Corbeau et le Renard* (La Fontaine)
Les **acteurs** de la fable : – souvent des animaux ou végétaux qui ont des comportements humains (on parle de personnification) ; – parfois des hommes.	Un renard flatteur et un corbeau naïf.
Le **récit**	Un renard séduit par ses belles paroles un corbeau et l'amène ainsi à lâcher le fromage qu'il tient dans son bec.
La **morale**	« Tout flatteur vit aux dépens de celui qui l'écoute. » Autrement dit : ne vous laissez pas piéger par des flatteries.

1 À chacun des animaux ou végétaux cités, associe la caractéristique qui lui est traditionnellement attribuée.

le chêne ●   ● l'agilité

le singe ●   ● la rapidité

le lièvre ●   ● la robustesse

la tortue ●   ● la lenteur

le chat ●   ● la ruse

2 Pour chacun des titres de fables ci-dessous, imagine en une phrase la façon dont les personnages pourraient entrer en compétition et comment le plus rusé des deux finirait par l'emporter.

Voici quelques idées dont tu peux t'inspirer. 1 : L'éléphant et la souris, prisonniers, se retrouvent dans un filet. 2 : L'homme et la panthère s'affrontent. 3 : Un ver de terre est menacé par un aigle.

Ex. : *Le lièvre et la tortue* (fable de Jean de la Fontaine).
Lors d'une course contre une tortue, le lièvre, trop sûr de sa supériorité physique, s'accorde des pauses. Il est finalement battu par la tortue.

1. L'éléphant et la souris

....

2. L'homme et la panthère

....

3. Le ver de terre et l'aigle

....

25

3 La personnification. Associe à chaque personnage une ou des caractéristiques humaines, en fonction du défaut qui lui est attribué. Tu peux utiliser les propositions qui suivent :

un regard mal assuré – une attitude hautaine – une voix mielleuse – un regard sournois – un sourire hypocrite – une voix hésitante – des yeux fuyants – une voix méprisante

Personnage	Défaut	Caractéristiques humaines
la fleur	la peur	....
le renard	la ruse	....
le vent	l'orgueil	....

Formuler la morale

La morale est une leçon que le fabuliste tire du récit. Elle consiste souvent à dénoncer un défaut. Un proverbe connu peut servir de morale.

● Une morale présente certaines caractéristiques d'écriture :
  – le **présent de vérité générale**, qui exprime un fait vrai de tout temps ;
  – une **formule généralisante** comprenant les mots *on, chacun, tous, toujours,* etc.

● La morale se détache du récit par un nouveau paragraphe. On peut la placer avant ou après le récit.

4 Reprenons l'exemple de la fable *Le Lièvre et la Tortue* (exercide 2) : quelle morale peut illustrer le récit ? Coche la (ou les) bonne(s) réponse(s).

❏ « Il ne faut pas se fier aux apparences. »

❏ « Tel est pris qui croyait prendre. »

❏ « Rien ne sert de courir : il faut partir à point. »

5 Trouve une morale qui pourrait s'appliquer à ces deux situations.

1. Un renard, pris dans un piège, est délivré par un hérisson.

2. Un moucheron empêche un chasseur de tuer un sanglier.

....

6 À toi de jouer. Choisis deux animaux qui s'opposent. Invente un récit dans lequel la situation s'inverse : l'animal le plus faible sauve le plus fort. Tu illustreras ainsi la morale « On a souvent besoin d'un plus petit que soi ». (Travaille sur ton cahier de rédaction.)

● N'hésite pas à utiliser des dialogues pour rendre le récit plus vivant.
● Pour introduire la morale de ton récit, tu peux utiliser ce type de formule : « Tout homme qui... », « Chacun sait que... ».

26 Saisir un texte

Utiliser correctement le clavier

Cette touche permet de saisir des lettres en majuscules : maintiens-la enfoncée en même temps que tu appuies sur la lettre désirée. Grâce à elle, tu peux aussi saisir les caractères signalés en haut des touches (point d'interrogation, point, tréma, etc.).

Cette touche sert à former des alinéas lorsque tu crées un nouveau paragraphe.

Cette touche permet de supprimer des caractères ou des mots sélectionnés.

Utilise cette touche pour revenir à la ligne.

Cette touche sert à saisir les caractères signalés en bas à droite des touches (par exemple : @).

Retiens ces quelques règles de disposition des espaces avant ou après les signes de ponctuation :

Signe de ponctuation	Espace avant	Espace après	Exemple
point et virgule	non	oui	*Bonjour, dit-il.*
point-virgule, point d'exclamation, point d'interrogation, deux-points	oui	oui	*C'est lui ; je le reconnais. A-t-il amené le livre ? Non ! Il l'a oublié !*

1 **Saisis le texte suivant sur ton ordinateur en ajoutant la ponctuation nécessaire et les majuscules.**

un père avait deux fils le premier était réfléchi et intelligent il savait se tirer de toute aventure le cadet en revanche était sot incapable de comprendre et d'apprendre et quand les gens le voyaient ils disaient « Avec lui son père n'a pas fini d'en voir »

D'après Grimm, « Histoire de celui qui s'en alla apprendre la peur », in *Contes*, 1812.

Il y a 4 phrases. Tu dois ajouter 4 points, 4 virgules, et un deux-points. Respecte bien la règle de placement des espaces.

2 **Sur ton traitement de texte, redonne sa forme d'origine à cette morale du conte « La Belle au bois dormant » de Perrault.**

Attendre quelque temps pour avoir un époux,/ Riche, bien fait, galant et doux,/ La chose est bien naturelle,/ Mais l'attendre cent ans, et toujours en dormant,/ On ne trouve plus de femelle,/ Qui dormît si tranquillement.

D'après C. Perrault, « La Belle au bois dormant », in *Contes*, 1697.

Les « / » t'indiquent la fin des vers et donc tous les endroits où tu dois aller à la ligne.

3 **Saisis maintenant sur ton ordinateur le conte que tu as imaginé aux chapitres 22 et 24 (excepté le dialogue).**

Réaliser un « copier-coller »

Lorsque tu veux **déplacer un paragraphe ou un bout de texte**, cette fonction est très utile.

Sélectionne le texte à déplacer, puis dans l'onglet « Édition », clique sur « Copier ». Place ensuite ton curseur à l'endroit où tu souhaites insérer le texte copié, et clique sur « Coller ».

Les indications et les visuels des chapitres 26 et 27 font référence au traitement de texte d'Open Office.

4 Saisis maintenant le dialogue du conte que tu as imaginé au chapitre 23. Puis insère-le au milieu de ton récit à l'aide de la fonction « copier-coller ».

Utiliser d'autres fonctionnalités

1 Les fonctions de base : l'icône de gauche sert à créer un nouveau document ; celle du milieu, à ouvrir un document déjà existant ; celle de droite, à enregistrer un document.

2 La police et la taille de police : pour les appliquer, sélectionne d'abord tout ton texte. Généralement, dans les documents officiels, on utilise la police Times New Roman en taille 12.

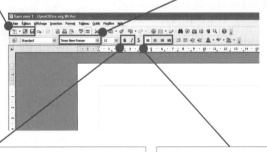

3 Les enrichissements : la touche « **G** » permet de passer en gras un mot sélectionné, la touche « *I* » permet de le passer en *italique*. Dans un récit, tu n'auras besoin du gras que pour les titres de chapitres. Les mots étrangers et les titres d'œuvres doivent apparaître en italique. Par exemple : *Les Métamorphoses* d'Ovide, une *start-up*...

4 La justification : tu as la possibilité d'aligner ton texte à gauche, à droite, de le centrer, ou encore de faire en sorte que toutes les lignes aient la même longueur (« justification forcée »). Dans un récit, tu peux utiliser l'alignement à gauche ou la justification forcée. Mais si tu rédiges un poème, tu devras le centrer.

5 a. Maintenant que tu as saisi l'intégralité de ton conte, décompose-le en paragraphes.

b. Choisis la police de ton texte et sa taille puis sélectionne l'alignement qui te convient.

N'oublie pas d'utiliser la touche « Tab » pour former les alinéas de tes paragraphes.

27 Améliorer la présentation d'un texte

Créer une page de titre et un sommaire

- Sur ta page de titre, **centre le titre**, après l'avoir sélectionné, en utilisant l'icône « Centré » située dans la barre d'outils. Puis choisis une grande taille pour ta police, afin que le titre soit bien visible. Enfin, inscris en bas de la page ton nom, l'année et ta classe.

- Il faut aussi que tu **numérotes les pages** de ton document. Pour cela, tu vas dans l'onglet « Insertion » puis « Pied de page », et tu sélectionnes l'option « Standard ». Ensuite, clique de nouveau sur l'onglet « Insertion », puis « Champ », et enfin « Numéro de page ».

- Sur ta page de sommaire, n'oublie pas d'indiquer le numéro de page des différents chapitres.

1 Crée une page de titre pour un petit fascicule qui s'intitulerait *Histoires et légendes de l'Égypte ancienne*. Tu y feras bien sûr apparaître le titre, mais aussi le nom de l'auteur (tu peux imaginer que c'est toi !) et l'année d'édition (par exemple, 2010).

2 Invente un sommaire pour ce même fascicule. Tu proposeras au moins 5 titres de chapitres et tu les feras renvoyer à des numéros de pages fictifs.

Laisse libre cours à ton imagination pour les titres ! Par exemple, « La momie mystérieuse », « Le secret du pharaon », etc.

Vérifier l'orthographe

Tu peux vérifier l'orthographe de l'ensemble de ton texte de façon automatique. Dans la barre d'outils, l'icône « ABC » soulignée en rouge permet d'activer et désactiver la correction automatique. L'icône « ABC » associée à un tick bleu lance le vérificateur d'orthographe.

1 La faute éventuelle est signalée en rouge.

2 Des suggestions de correction sont proposées.

3 Si tu es d'accord avec une suggestion du correcteur, sélectionne-la, puis clique sur « Modifier ».

Si tu n'es d'accord avec aucune des suggestions – tu as le droit ! – clique sur « Ignorer une fois ».

N.B. : Attention, il ne faut pas toujours accepter les propositions du correcteur : il peut se tromper !

3 Copie le texte suivant sur ton traitement de texte, et corrige ses fautes. Attention, la plupart d'entre elles ne sont pas reconnues par le correcteur d'orthographe !

Il y a plus de 5 000 ans, la civilisation égiptienne a commencer à se développé autour du Nil. S'est le plus long fleuve du monde.

Tout les ans, le Nil déborde et dépose des éléments fertiles sur ses berges, ou se développe des papyrus et des lotus. En 1964, la construction du barrage d'Assouan a mit fin à ces crues.

Sans le Nil, l'Égypte ne serais donc qu'un désert, et la civilisation égyptienne n'aurait certainement pas pu se développer !

Il y a 10 fautes à trouver, dont 6 qui ne sont pas signalées par le correcteur ! Attention, un sujet mal accordé a son verbe placé avant lui.

Insérer une image

- Pour enrichir davantage ton document, tu peux y ajouter une ou plusieurs images. Il faut que ces images soient **numérisées** et **enregistrées** sur ton ordinateur. Tu peux en sélectionner **sur Internet** ; utilise le clic droit de la souris pour les enregistrer (sélectionne « Enregistrer sous » puis le format « JPEG »).

- Pour insérer une image dans ton document, tu places ton curseur à l'endroit désiré ; tu vas ensuite dans l'onglet « Insertion » et tu cliques sur « Image », puis tu sélectionnes celle de ton choix.

- Enfin, donne une **légende** à ton image (un titre, l'auteur et la date, si tu les connais).

4 Choisis sur Internet une image relative à l'Égypte ancienne pour illustrer le petit fascicule et insère-la sur ta page de titre.

Modifier une image

- Une fois que tu as inséré une image sur ta page, une nouvelle boîte à outils apparaît sur l'écran. Elle permet d'apporter des modifications à l'image.

En cliquant sur cette icône, tu as accès à une multitude de fonctions servant à retoucher l'image. Par exemple, tu peux l' « adoucir » ou la rendre plus nette.

Si tu cliques sur cette icône, tu feras apparaître une petite fenêtre permettant de modifier les couleurs de ton image.

- Pour agrandir ou réduire ton image, sélectionne-la, puis place ton curseur dans un de ses quatre coins. Lorsqu'une double flèche apparaît, clique et promène ta souris pour faire varier les dimensions.

5 Maintenant que tu t'es entraîné, enrichis la présentation du conte que tu as saisi au chapitre précédent.

Tu dois notamment : réaliser une page de titre en y insérant une image ; numéroter les pages ; vérifier l'orthographe ; insérer une ou deux images dans ton conte.

Mon cahier de rédaction

Mon cahier de rédaction

26 verbes modèles

Remarque : le passé composé est le seul temps composé ici représenté. Les autres temps composés se forment en effet, de la même façon, avec un auxiliaire, conjugué au temps simple correspondant, et le participe passé du verbe.

	INDICATIF			
	PRÉSENT	**FUTUR**	**IMPARFAIT**	**PASSÉ SIMPLE**
aimer	j'aime il aime ils aiment	j'aimerai il aimera ils aimeront	j'aimais il aimait ils aimaient	j'aimai il aima ils aimèrent
appeler	il appelle	il appellera	il appelait	il appela
jeter	il jette	il jettera	il jetait	il jeta
essuyer	il essuie	il essuiera	il essuyait	il essuya
envoyer	il envoie	il enverra	il envoyait	il envoya
aller	je vais il va	j'irai il ira	j'allais il allait	j'allai il alla
finir	je finis il finit ils finissent	je finirai il finira ils finiront	je finissais il finissait ils finissaient	je finis il finit ils finirent
partir	je pars il part	je partirai il partira	je partais il partait	je partis il partit
venir	il vient	il viendra	il venait	il vint
courir	il court	il courra	il courait	il courut
offrir	il offre	il offrira	il offrait	il offrit
cueillir	il cueille	il cueillera	il cueillait	il cueillit
voir	il voit	il verra	il voyait	il vit
devoir	il doit	il devra	il devait	il dut
vouloir	je veux il veut	je voudrai il voudra	je voulais il voulait	je voulus il voulut
pouvoir	je peux il peut	je pourrai il pourra	je pouvais il pouvait	je pus il put
savoir	il sait	il saura	il savait	il sut
faire	il fait	il fera	il faisait	il fit
dire	il dit	il dira	il disait	il dit
croire	il croit	il croira	il croyait	il crut
vivre	il vit	il vivra	il vivait	il vécut
prendre	il prend	il prendra	il prenait	il prit
peindre	il peint	il peindra	il peignait	il peignit
mettre	je mets il met	je mettrai il mettra	je mettais il mettait	je mis il mit
avoir	j'ai il a ils ont	j'aurai il aura ils auront	j'avais il avait ils avaient	j'eus il eut ils eurent
être	je suis il est ils sont	je serai il sera ils seront	j'étais il était ils étaient	je fus il fut ils furent

PASSÉ COMPOSÉ	IMPÉRATIF PRÉSENT	SUBJONCTIF PRÉSENT	CONDITIONNEL PRÉSENT	PARTICIPE PRÉSENT
j'ai aimé il a aimé ils ont aimé	aime aimez	que j'aime qu'il aime qu'ils aiment	j'aimerais il aimerait ils aimeraient	aimant
il a appelé	appelle	qu'il appelle	il appellerait	appelant
il a jeté	jette	qu'il jette	il jetterait	jetant
il a essuyé	essuie	qu'il essuie	il essuierait	essuyant
il a envoyé	envoie	qu'il envoie	il enverrait	envoyant
je suis allé il est allé	va allez	que j'aille qu'il aille	j'irais il irait	allant
j'ai fini il a fini ils ont fini	finis finissez	que je finisse qu'il finisse qu'ils finissent	je finirais il finirait ils finiraient	finissant
je suis parti il est parti	pars partez	que je parte qu'il parte	je partirais il partirait	partant
il est venu	viens	qu'il vienne	il viendrait	venant
il a couru	cours	qu'il coure	il courrait	courant
il a offert	offre	qu'il offre	il offrirait	offrant
il a cueilli	cueille	qu'il cueille	il cueillerait	cueillant
il a vu	vois	qu'il voie	il verrait	voyant
il a dû	–	qu'il doive	il devrait	devant
j'ai voulu il a voulu	veuille veuillez	que je veuille qu'il veuille	je voudrais il voudrait	voulant
j'ai pu il a pu	–	que je puisse qu'il puisse	je pourrais il pourrait	pouvant
il a su	sache	qu'il sache	il saurait	sachant
il a fait	fais	qu'il fasse	il ferait	faisant
il a dit	dis	qu'il dise	il dirait	disant
il a cru	crois	qu'il croie	il croirait	croyant
il a vécu	vis	qu'il vive	il vivrait	vivant
il a pris	prends	qu'il prenne	il prendrait	prenant
il a peint	peins	qu'il peigne	il peindrait	peignant
j'ai mis il a mis	mets mettez	que je mette qu'il mette	je mettrais il mettrait	mettant
j'ai eu il a eu ils ont eu	aie ayons ayez	que j'aie qu'il ait qu'ils aient	j'aurais il aurait ils auraient	ayant
j'ai été il a été ils ont été	sois soyons soyez	que je sois qu'il soit qu'ils soient	je serais il serait ils seraient	étant

Index

A

Accord
- de l'adjectif qualificatif 4
- du verbe 5
Adjectif qualificatif 4, 26

C, D

Champ lexical 20, 43
Comparaison 43
Complément circonstanciel 28
Conte 44, 46, 50
Description 13, 27, 40, 46
Dialogue 48

E, F

Élément déclencheur 45
Élément de résolution 45, 50
Émotions (vocabulaire des) 20
Épisode épique 42
Fable 52

H, I

Homonyme 6
Image (lecture d') 13, 27, 40
Imparfait 12, 42
Impératif 14

M, N

Mot de liaison (temporel, logique) 31
Mot interrogatif 19, 32
Niveau de langue 18, 34

P

Passé composé 10, 36
Passé simple 11, 12, 42
Péripétie 45
Périphrase 25
Phrase
- nominale et verbale 16
- simple et complexe 17
Pluriel 5
Ponctuation 37, 48, 54
Présent 8, 48
- d'énonciation 9
- de narration 42
- de vérité générale 9, 53
Pronom 22

R, S

Récit 30, 36, 42, 44, 46, 48, 50, 52
Voir aussi Temps du récit.
Reprise
- nominale 24
- pronominale 22
Schéma narratif 45
Situation finale 45, 50
Situation initiale 45, 46
Synonyme 24

T, V

Temps du récit 10, 12, 42
Terme générique 24
Verbe
- de perception 21, 37
- de sensation 37

Crédits iconographiques
Page 13   ph © RMN / Hervé Lewandowski
Page 27   ph © Archives Alinari, Florence,
Dist. RMN / Luciano Pedicini
Page 40   ph © Archives Hatier
Page 41   ph © The Bridgeman Art Library / ADAGP,
Paris 2010
Page 54   ph © Charles Knox / Age Fotostock

Maquette : Frédéric Jély
Mise en page : idbleu
Correction : Anne-Sophie Demonchy
Illustrations : Axel Renaux (illustrations intérieures) ;
Guillaume de Trannoy (dessins de la chouette)

Imprimé par I.M.E à Baume-les-Dames - France
Dépôt légal n° 93726-2/01 - Décembre 2010